エース
と呼ばれる人は
何をしているのか

夏まゆみ

サンマーク出版

はじめに

もし、成功する人は少数で、成功しない人のほうが多数だと思っているなら、それは大きな誤解です。

なぜなら、本来は成功する人が「多数」で、成功しない人のほうが「ごく少数」だからです。

「そんなわけないじゃないか！」

そう思われるかもしれません。

しかし、私がこれまで振付師として数多くの経験をしてきたなかで、何度も何度も気づかされたことがあります。**人は本来、必ず成功し、輝くようにできている、ということです**。

振付師という仕事がまったく認識されていない時代から私は振り付けの仕事に携わ

り、三〇年にわたって芸能人やアーティストをはじめ二一〇万人以上の人にダンスを教えてきました。**ナインティナインや雨上がり決死隊などのメンバーがいた吉本印天然素材の指導をはじめ、その過程では一九九八年冬季長野オリンピックでの振り付け、紅白歌合戦では一七年にわたりステージ上の振り付けを担当させていただいています。最近ではモーニング娘。やAKB48の立ち上げから関わるなど、数多くのアイドルを指導してきました。**

そこで私はふと考えました。

最初はほとんど差のない人たちが、いつの間にか大きな差となってかたや「エース」と呼ばれるまで成長し、かたや思いどおりにいかずにその場を去っていく。これはどうしてなのかと――。

そしてついに「エースと呼ばれる人」には共通点があることに気づいたのです。

――それは、エースと呼ばれる人は、成長するために必要な正しい考え方・習慣を

持っている、ということです。

私がこれまで大御所といわれる方々と接してきて強く思うことは、間違った考えや習慣を続けて成功した人など一人もいない、ということです。本当に、ただの一人もいませんでした。

私が見てきたアイドルたちも同じです。

正しい考え方や習慣なんて当たり前のことのように思われるかもしれませんが、「成長するため」の「正しい方法」を続けているか、ということが成功する人が持つ「エースの資格」なのです。誤解しないでほしいのは、これはアイドルや芸能人にかぎった話ではないということ。

最近、「何をしてもうまくいかない」と悩んでいる人の声をよく耳にします。一般の人の場合もあれば、アイドルの女の子たちの場合もあります。**ただ、そのどちらにも共通していることは、頑張っているけど「成長するための正しい方法」を知らないために成果が出ていない、ということです。**

時間をかけて頑張っても成果が出ないから自分には才能がないように感じ、努力する気力も失ってますます成長しなくなる――という悪循環に陥っているのです。

決して本人に実力や能力がないわけではありません。もちろん努力もしています。**ただ、成長するための正しい方法を知らなかったために実力や能力をうまく発揮できなかっただけなのです。**

その背景には、近年の過剰な成果主義があるように思います。

そのひとつの象徴が、AKB48が毎年行う〝総選挙〟かもしれません。ファンからの投票によってメンバーに順位をつけているのは有名です。トップに立ったメンバーを「センター」と呼び、上位のメンバーは「エース」と呼ばれます。

その影響か、集団のトップに立つ人を「エース」と呼んでもてはやす傾向も、ここ数年でより顕著になったように思います。

世間がエースに価値を見出すようになれば、エースに興味を持つ人、エースをめざす人も増えていきます。自分ではとくにエースになりたいと思わなくても、会社など組織から「エースになれ！」と言われ成果を求められることもあるでしょう。

しかも、いままででは考えられないほどの短期間で成果を求められるのです。もちろんそれは若手だけではなく、ベテランの社員であっても短期間で成果が求められます。その結果、これまでは先輩から後輩に伝えられてきたことが伝えられなくなり、ほとんどの人が一生涯において「正しい成長の方法」など学ぶこともなければ教わることもない環境に身を置くことになったのです。

くり返しますが、エースになる人の共通点は、成長するための正しい考え方や習慣を知っていることです。

私たちは本来必ず成功し、輝くようにできているとお伝えしましたが、**その理由はエースと呼ばれる人がしていることは、決して特別なことではなく、誰でもできる簡単なことだからです。**

つまり誰でもエースになれるということ。

そんな「エースと呼ばれる人が持つ考え方・習慣」＝**「エースの資格」**は大きく分けるとたった三つしかありません。

①自己を確立し

②自信を持ち
③前に向かって進む

これを身につけるだけで、誰でも成長し、成功への道を歩むことができるのです。

私はＡＫＢ48やモーニング娘。の〝教育係〟として何人もの「エース」の成長を見守ってきました。その経験から断言できるのは「エースになるのに特別な才能は必要ない！」ということです。

ＡＫＢ48の前田敦子もモーニング娘。の安倍なつみも、最初は本当にふつうの女の子でした。極端なことを言えば、歌は平凡、ダンスは全然ダメで、メンバーのなかでも目立たない存在でした。それでも、あの二人はエースへと成長した。ふつうの人でも意識の持ち方や努力しだいでエースになれることを証明してくれた好例です。


エースの資格のひとつは〝前向き〟になることです。

その点、あなたはもうその資格を半分手にしています。

この本を手に取ってくれたということは、きっとなんらかの目標や興味、もしくは悩みがあったからではないでしょうか。
そんなふうに目標や興味を持つこと、何かに悩み現状を変えたいと願うことは、すべて前向きさの表れです。それは間違いなくあなたが成長し、成功し、輝くための一歩です。

――あとはその一歩踏み出した足を止めないこと。

本書は、私が経験して気づいたことを出し惜しみせず、すべてお伝えするつもりで書きました。足を止めずに、前に進みつづける方法をあなたにお伝えしたいと思います。

エースへの道は、あなたにもちゃんと用意されているのです。

エースと呼ばれる人は何をしているのか　目次

はじめに……1

第1章　エースの資格

センターはめざすべきじゃない！……16
センターとエースはまったく別の存在……18
天使にも魔物にも化ける「なにか」とは？……22
なぜ私は前田敦子を合格させたのか？……24
「エースの資格」を持てば加速度的に成長する……27
アイドルはビジネスマンにとって最高の教科書と思え……29
シンデレラストーリーは決して叶わない幻想である……33

夢への階段は、上から描いても下から描いてもいい …… 36
他人の評価を気にする人は「新しいもの」をつくれない …… 39
強みはたったひとつあればいい …… 41
「好きなもの一〇個」の意外な効果とは？ …… 44
「恥ずかしくない」という気持ちは車のアクセルと同じ …… 46
志村けんはなぜ芸能界の第一線で活躍しつづけるのか？ …… 49
「こころ」をゆさぶる「言葉」を使え！ …… 52
若き日の問題児・ナインティナインが教えてくれたこと …… 55
魔法の言葉は「目からビーム、手からパワー、毛穴からオーラ！」 …… 59

第2章　エースは群れない――「自己確立」のための思考法

もっと「個人」になりなさい！ …… 64
「仲間」を意識すればするほど成長しない …… 67
「群れない時間」をつくりなさい …… 69

協調しないほどチームワークはますます強くなる……72
「あの人のために」は百害あって一利なし……75
「強き者」にはとことんライバル心を燃やせ……78
なぜ、若手トレーナーの〝非常識〟な助言を聞き入れたのか？……80
「ゼロ」になる瞬間をたくさんつくれ！……82
「初めてのお客さん」は自分が変わる最大のチャンス……84
いやなことがあったらまずは「ｗｈｙ」で置き換えなさい……87
成長を止めてしまう一番やっかいなものとは？……90
宝塚トップスターを生み出すのは「自覚」と「危機感」のふたつ……94
よいプライドは自分を美しく、悪いプライドは自分を醜くする……96
「好きなこと」をめざす人の前に、壁は現れない……99
「日本一」よりも「使命感」のほうがはるかに強い……104
仕事が減ってでも「うるさい夏」になる理由……106
絶好調のときこそ〝耳が痛い人〟の話を聞け……109
「最後まで立たされる人」ほど成長する……111

第3章　エースの努力――「正しい努力」が「自信」を生む

私が「鬼コーチ」になって追い込む理由……118
眠っている「底力くん」に会いに行きなさい……120
一発勝負の本番で実力を出しきる秘訣とは？……123
「見えない努力」ほど見返りは形になって表れる……126
たった一度夢を語れば、自分の「本心」が見えてくる……130
「有言」と「不言」を上手に使い分けなさい……133
欠点を認めなければ「正しい努力」は生まれない……135
スキルを磨けば、内面も一緒に磨かれる……138
短所は「消す」のではなく、「出し入れ」できるようにする……140
「なにくそ精神」でガッツポーズ！……143
「過去のもの」にする作業は、意外と大切……147
つらいときの合言葉は「また成長しなきゃいけないのか！」……149

「自信」と「危機感」のバランス感覚を研ぎ澄ませ……152
運は、正しい努力の先に降りてくる……154

第4章 エースの習慣――「前進」するための生き方

「選択のクセ」はなぜ、これほど重要なのか？……158
一流の人ほど休憩時間の使い方が一級品……160
「わが振り直せ」より「わが振り学べ」の精神を持て……163
「謙虚」になるのはいいが「遠慮」はしてはいけない……166
言葉が丁寧な人ほど、じつは要注意……168
片っ端から手紙を出すのはすぐに止めなさい……171
病気療養だって「成長のチャンス」になる……174
仕事量の多い人ほど、「差が生じる」のは細かい作業……177
挨拶は「名前つき」でするのが理想的……180
なぜ「まったく相談にこない子」のほうが伸びるのか？……182

ムカついている相手にこそ「ありがとう」を伝えなさい …… 187

第5章 エースのその先へ

エースとは成功者のことではない …… 194
オーディションで落とすこともまた愛情 …… 196
「地道で正直」はかけがえのない強みと心得よ …… 198
日本一になった唯一のメリットは、「一番の呪縛」から解放されたこと …… 200
「好き」を見つけてらせん階段を上りなさい …… 203
好きじゃない仕事に感謝する …… 205
人生にムダなことはなく、人は輝く場所を持っている …… 209

おわりに …… 217

装丁・本文デザイン　轡田昭彦＋坪井朋子
編集協力　コンセプト21、梅村このみ
編集　綿谷翔（サンマーク出版）

1。

エースの資格

センターはめざすべきじゃない！

劇場を埋めつくすファンの声援に応え、全力で歌い踊るAKB48のメンバーたち。その中心には、まばゆいライトを全身に浴びて、ひときわ大きな輝きと存在感を放つ少女がいました。

彼女こそ、圧倒的なオーラでファンを魅了した「絶対的エース」前田敦子――。AKB48の発足から卒業までほぼすべての楽曲でセンターを務め、グループの人気を牽引《けんいん》してきた〝不動のセンター〟です。

前田のポジションは、メンバー全員の憧《あこが》れであり目標です。ここでは誰もが彼女のように舞台のセンターに立ち、賞賛と羨望《せんぼう》を一身に集めることを夢見ています。

しかし、センターには「魔物」が棲《す》んでおり、誰もが立てるものではありません。

それでもセンターには人を引きつける何かがある……。

私が四五年にわたるダンス人生において感じるのは、この魔力のせいで「本当に進むべき道」を見失っている人がたくさんいるということです。

私は誰もがセンターをめざすべきだとは思っていません。

しかし近年、「センター」という言葉があまりに一人歩きして語られるようになったために、多くのアイドルたちがセンターをめざそうとし、自分が進むべきではない道で無理をしつづけ、自分の輝きを失っています。

これはとても残念なことです。実力も魅力も十分にあるのに、めざすべき方向を少し間違えただけでそれが発揮されないのですから……。

とくに近年のこの状況に、私は心から危惧《きぐ》しています。

なぜなら、これはアイドルにかぎった話ではなく、私たちの誰もが同じように直面している問題でもあるからです。

センターとエースはまったく別の存在

とくに、多少なりとも競争のなかにいる社会人にとっては他人ごとではありません。まじめに働いてさえいればいつかは報われた年功序列の時代はとうに終わり、〝上〟に行けるのは「エース」と呼ばれる一握りの人材だけ――。その枠になんとか食い込もうと、みんながしのぎを削っています。

そのこと自体は決して悪いことではないのですが、**ここで気をつけなければいけないのは、「エース」という言葉を明確に理解しているかどうかです**。おそらくほとんどの人がこの言葉に対して、明確な意味を認識せずに使っていることと思います。

それでは必ず問題が生じます。

たとえば好むと好まざるとにかかわらず、周囲からはエースたることを求められ、いやおうなしにエース争いに巻き込まれてしまう雰囲気が少なからずあるのではないでしょうか。なかにはそんなエース争いになど興味がない人や、エースだけがほめそやされる風潮に疑問を感じている人もいると思いますが、そのような風潮のなかではなかなかモチベーションを上げられません。

これは「エース」という言葉の定義があいまいなために生じている問題です。**具体的にいうと、ここで使われている「エース」という言葉が、アイドルでいう「センター」という意味で使われているために生じている問題です。**

「エース」も「センター」も、どちらも同じではないのかと感じた方もいるかもしれません。**しかし、「エース」と「センター」はまったく違います。**

このふたつの言葉の違いを理解せず、不用意に使用されていることで、「頑張っても頑張っても一番になれない」と悩む人や、「自分はそんなことには興味がない」と言って本来の可能性や能力を閉ざしている人を、私はたくさん知っています。

「センター」とは、冒頭で述べたように、チーム全体の中心のポジションに立ち、「チームの顔」として振るまう人のことをいいます。そのため、人によって向き不向きがあり、センターとしての特性を備えていなければなりません。AKB48でいえば前田敦子のような存在であり、曲によって違いはあるものの、基本的にはひとつのチームで一人が背負う存在です。

一方、「エース」とは自分自身の実力や魅力を、発揮するべき場所で十分に発揮し、輝いている人のことをいいます。私はこれまでアイドル、芸人、紅白歌合戦や一九九八年冬季長野オリンピックなどを通して、芸能人から一般の方々まで、のべ二一〇万人以上の人にダンスを指導し、それ以上に多くの人に出会ってきましたが、そこで感じたことは、人には必ず自分が輝ける場所があるということです。

つまり、誰でも「エース」になれるということ。

その点で「エース」と「センター」はまったく異なる存在なのです。

「エース」という名の「センター」をめざす風潮が強いなかで、なかなかうまく期待に応えられなかったり、興味が持てなかったりするのは当たり前のことです。

これは自分に責任があるわけでは決してありません。「センター」や「エース」という言葉がさかんに飛び交うようになったいまの時代が混乱を引き寄せているだけであり、そこに原因があるのです。

だからこそいま、その違いを理解し、「センター」をめざしたい人はセンターをめざし、一方で自分なりのやり方で輝きを放って成功したいと思う人は「エース」をめざして努力することが重要なのです。

くり返しますが、エースは誰でもなれます。**エースになる人には、「エースの資格」とも呼べる共通点がはっきりとあるからです**。そしてそれはエースになるための考え方や行動、習慣を身につけること、といえます。

本書では、これらの成功を生み出す考え方や行動、習慣を「エースの資格」として伝えることで、あなたが進むべき道筋を明らかにしていきたいと思います。

エースになることは自分が成長することであり、その先には充実した豊かな人生が待っています。

そんな人生を送るためのお手伝いをすることが、指導者として多くのエースの育成に関わり、はからずも今日の見境のない〝エースブーム〟に加担した私の責任であり使命だと思っています。

天使にも魔物にも化ける「なにか」とは？

エースとセンターの違いが少なからずおわかりいただけたかと思います。とはいえ冒頭でも述べたように、少なくともアイドルにおいて、センターは全メンバーの憧れのポジションであり、誰もが一度は「センター」になることを目標にします。

アイドルでなくとも、その会社の「センター」、所属するチームの「センター」、その地域の「センター」になりたい人はいると思いますし、それをめざすことはすばらしいことです。

ただ、そのポジションにつける人にはそれだけの特性が必要だとも言いました。

ではその特性とは何か。具体的にどのようなものなのか、気になる人もいることでしょう。

私はそれを実感するような出来事を、何度も目にしました。

振り付けを含め、私がＡＫＢ48のステージ演出を受け持っていたところ、前田だけではなく他のメンバーにもチャンスを与えようと、試しに別の子をセンターに立たせてみたことがあります。その子は二列目の端あたりが定位置だったのですが、いつも頑張っているし、歌もダンスもキラリと光るものがあったから、これはいける！　と思い抜擢《ばってき》したのです。

ところが彼女はセンターに立ったとたん、緊張のあまり歌詞をド忘れしたり、ステップを間違えたりと、気の毒なくらいボロボロになってしまった。それでしかたなく二列目に戻すと、ふたたびカッコよく踊れるようになる……。

別のある子は、センターに立つことすらできませんでした。

舞台の床面には立ち位置を示す番号が貼ってあるため、センターがどこなのかは一目瞭然《りょうぜん》なのですが、彼女はどうしてもそこに立つことができない。

「このゼロって書いてあるところがセンターだよ」

そう教えても、身体が拒否して微妙にずれてしまう。

センターの重圧はそれほどまでに大きく、〝特性〟を持たない人の身をすくませるのです。

センターは華やかであり、とても怖い場所です。ここには「なにか」が棲んでいて、その「なにか」は、立つ人によって天使にも魔物にも化けるものです。

反対にAKB48の前田敦子やモーニング娘。の安倍なつみは、センターで輝きを増すタイプでした。ふだんはさほど目立たないけれど、センターに立つと実力以上の力を出すことができる。

彼女たちにとって、センターは魔物ではなく天使の棲む場所だったのです。

なぜ私は前田敦子を合格させたのか？

ただし、誤解をしてほしくはないのですが、センターに立つ人はこの特性を持っているから立っているわけではありません。

「センターの特性」といえども、センターに立つための条件としては本当に小さな、ごく一部の必須条件であり、より重要なのは誰もが備えられる「エースの資格」を身につけているかどうか、ということです。

前田敦子は強烈なオーラの持ち主でしたが、それは生まれもっての才能というわけではありません。私は彼女が芸能界に入る前、オーディションのときから知っていますが、最初のころは特別なオーラを放つでもない、どちらかといえばあか抜けない女の子だったと記憶しています。

どうしてそんな子を合格させ、センターに立たせたかといえば、簡単にいうと「可能性」を感じたからです。

踊りも下手、歌も下手だけど、この子には何かありそうだ。この子をたたいたり、削ったり、野放しにしたり、放り投げたり、抱きしめたり、いろんなふうに料理したら、何か跳ね返ってくるものがあるんじゃないか——。

そう感じさせるものがあったから、彼女をAKB48に迎え入れたいと思ったのです。

その後の活躍はここで説明するまでもないでしょう。前田は期待にたがわぬ頑張りでみずからを変革させ、見事エースへと成長してくれました。

では、そんな〝ただの女の子〟だった彼女がどうしてエースになれたのか？

それは、前田が自己を確立し、自信を持ち、前に向かって進んでいたからです。

自己を確立し、自信を持ち、前に向かって進む——。

これこそ私の考える「エースの条件」であり、オーディションのとき前田に感じた「秘めた可能性」の正体です。

芸能人やアイドルにかぎったことではなく、ビジネスマンでも主婦でも学生でも、誰にでもあてはまります。

エースになるために必要なのは、特別な才能でもスキルでもありません。歌やダンスが下手でも、自己を確立し、自信を持ち、前に向かって進んでいれば、スキルなんて後からいくらでもついてきます。スキルが身につけば自信が深まり、いっそう前向きに頑張れるという好循環が生まれます。

「エースの資格」を持てば加速度的に成長する

ここまで、「絶対的エース」と呼ばれた前田敦子を例にエース論を展開してきましたが、先にも触れたとおり、私は「前田＝唯一のエース」とは考えていないし、全員が前田をめざす必要もないと思っています。

エースとはあくまでも「自己を確立し、自信を持ち、前に向かって進む」人であって、その条件を満たして輝いている人は、たとえセンターというポジションに立っていなくとも、全員がエースといえます。

エースはeverybodyなのです。

ＡＫＢ48でいえば大島優子も高橋みなみも小嶋陽菜も峯岸みなみも、みんなエースと呼べるし、**オーディションに落ちてＡＫＢ48に入れなかった子だって、学校や家庭や職場で前向きに輝いていたなら、その子は間違いなくエースだと思います。**

エース像は十人十色です。

会社でナンバーワンの営業成績をおさめてエースと呼ばれる人もいれば、町内会のエースとして地域に貢献する人もいるし、子宝に恵まれて母としてエースになる人もいます。自己を確立し、自信を持ち、前に向かって進んでいれば、誰もがいつかどこかで必ずエースになれる、つまり、自分自身が輝き、そのときの自分にあった最高の場で活躍する瞬間がくるのです。

センターに立つ人は「エースの資格」をたしかに持っていますし、一方、エースの資格を持たない人はセンターといった中心的役割を担うことはもちろん、自分自身が「輝く」ことも、最適の場で活躍することもできません。

しかし、だからこそエースの資格を知りさえすれば、センターになりたい人であればセンターに近づき、自分なりに輝きたい人であれば自分なりに輝くために必要なことがわかります。

どちらがいいというわけではありません。

重要なのは自分自身の力を発揮して成功するために、どのような考え方を持ち、行動をし、習慣を持てばいいのか、ということです。**私自身、書籍を通してこのような**

話を本気でお伝えするのは初めてのことです。ですので、本書でお話しすることはもしかしたらこれまで聞いたことや教わったことのない内容かもしれません。

しかし、その内容はたくさんの人を通して確信してきたことばかり。

それを知ることで、あなたの成長の加速度はどんどん大きくなることと思います。

アイドルはビジネスマンにとって最高の教科書と思え

さて、本書ではこれからエースになる方法——すなわち「自己を確立し、自信を持ち、前に向かって進む」ためのさまざまなヒントを、私が指導してきた多くのアーティストや私自身の体験談を交えながらご紹介したいと思います。

みなさんのなかにはもしかしたら「自分には才能がないから芸能人のマネはできない」と思ったり、反対に「十代の小娘の話が自分たちの役に立つわけがない」と決めつけたりしている方がいるかもしれません。

ですが、それはどちらも正しくないと、私は断言できます。

まず、アイドルの女の子たちは決して特別な存在ではありません。とくにＡＫＢ48の初期メンバーは「なんだかおもしろそう」とか「テレビに出られたらうれしいな」くらいの軽い気持ちで応募してきた子が多くて、特別に意識が高いわけでもなかった。ふつうの会社でも「なんとなく」で入社してくる新入社員はたくさんいると思いますが、アイドルの卵もそれと同じようなものなのです。

課題が与えられ、それに向かって努力するという意味では、働き方だって大差ありません。ビジネスマンが売上目標を達成するため営業に励むように、アイドルは「一週間で○曲の振りを覚える」といったノルマをクリアすべく猛練習するのです。

ただし本人を取り巻く環境だけは、ビジネスマンとアイドルとで大きく異なります。**たとえばアイドルはつねに人の目にさらされていて、失敗の責任はすべて自分に振りかかってきます**。ふつうの会社なら、新人のうちは失敗しても上司や先輩がフォローしてくれるものですが、タレントの世界にそれはない。失態はテレビカメラをとおして日本中に知れわたり、確実に本人の減点になってしまいます。

周囲との年齢差が大きいのも大きなストレスになります。芸能事務所でも一般の企業でも、自分の直属の管理職というのは同じくらいの年齢層ですが、アイドルの場合は本人が若いぶんギャップが大きく、ふつうのビジネスマン以上に上司や関係者との人間関係構築が難しいのです。

とにかく一般社会との違いをあげだしたらきりがないほど、アイドルたちは過酷な環境にさらされています。しかも当人たちはほとんどが十代で、なかには小学生の子だっている。そんな人生経験の少ない子たちが、大人でも音をあげるような厳しいノルマを課されるのですから、その苦労たるや並大抵のものではありません。

それでも私に与えられた役どころは〝鬼コーチ〟なので、彼女たちを容赦なく追い込んでいかなければならない。とくに小中学生の子は、人生において本気で頑張った経験が少ないから、底力の出し方を教えるためにもよりスパルタで指導しなければならない。みんな涙で目をはらしながら練習していて、本当にかわいそうになります。

だからこそ、私にはよくわかります。

彼女たちは本当にすごい——。

叱られて、めそめそ泣いても、最後はちゃんと力を出してくる。最初はただのミーハー気分で入ってきた子でも、しだいに意識が変わってきて自己が確立されていく。課題をひとつクリアするごとに自信をつけて、前向きに頑張れるようになる。そうしてだんだんエースの顔になっていく――。

私は彼女たちに最大限の敬意を払いたいと感じています。

たった十数年しか生きていないのに、大人顔負けの努力でエースへの階段を上っていく彼女たちは、十分尊敬に値するし、そこから学ぶべきこともたくさんあると思います。

だからこそ私は今回、彼女たちの話を通して、「成長し、成功するための考え方や習慣」をお伝えしようと思ったわけであり、これほど私たちにとって勉強になるお手本はないと思っています。

読者のみなさんも、どうか「アイドルなんて……」と過小評価しないでほしい。成長過程の女の子たちには、たしかに未熟なところもたくさんありますが、だからこそ、彼女たちの姿は見本となり、私たちの励みになり、さまざまな気づきをもたらしてくれるのだと思います。

シンデレラストーリーは決して叶わない幻想である

力士であれば、普段からごはんをよく食べ、体重を増やさなければいけません。ボクサーであれば、普段から食べ過ぎには気をつけ、体重を一定にコントロールする習慣が必要です。

エースになる人の場合も、一定の考え方や習慣が必要で、それを継続できるからこそエースとなります。

その考え方、行動、習慣をひと言で表したのが**「自己を確立し、自信を持ち、前に向かって進む」**という、**「エースの資格」**になるわけです。

ひと言とはいえ、そこには三つの要素が含まれています。このうち、ひとつでも欠けてしまうと不完全なエースにしかなれません。

では、この三つの要素とはそれぞれどのようなものなのか、もう少し具体的にお話ししたいと思います。

まずはエースの資格〈その1〉**「自己を確立する」**から考えてみましょう。

自己を確立するための第一歩は、自分が何をめざしていて、そのためにいま何をやればいいかを明確にすることです。

おそらく多くの人は、漠然とした夢や理想はあるけれど、そこへの道筋が見えなかったり、夢に近づいている実感が持てないから悩むのではないでしょうか。

アイドルの卵たちも同じで、歌手になりたいとかセンターに立ちたいとか、漠然とした目標は持っていて、自分なりに努力もしているのだけれど、それが少しも実になっていないような気がして落ち込んでしまう子がたくさんいます。

そんなときに教えるのが「階段の法則」です。

やり方は、まず紙に階段の絵を描いて、最上段にその子の夢、たとえば歌手になりたいなら「歌手になる」と書きます。次に「歌手になるには何をしたらいいと思う？」と聞いて、本人が「ボイトレ（ボイストレーニング）かな」と答えたら、夢の下の段に「ボイトレ」と書き加えます。

続けて「じゃあなんでボイトレやらないの？」とたずね、「レッスン料が足りない」という返事だったら、ボイトレの下の段に「お金」と記入。「ならお金を貯めるにはどうすればいい？」という質問に「アルバイトを頑張る」と返ってきたら、お金の下段に「アルバイト」と書きます。

そんなふうに最上段の夢から一段ずつ地面まで降りてくれれば、いまの自分にできることが見つかります。アルバイトと歌手はまったく関係がないようでいて、ちゃんと同じ階段でつながっていることがわかれば、アルバイトへのモチベーションも上がります。

わかってほしいのは、バブル時代に流行《はや》ったようなシンデレラストーリーは幻想であり、夢への階段は基本的には一段ずつしか上れないということです。

先の例でいうなら、お金がなければボイトレに行けないし、ボイトレに行かなければ歌手にはなれない、だからアルバイトを頑張るんだと自分で理解することが大事ということ。

それが自分の夢と現実の距離を自然と認識させ、自己を確立することにつながるのです。

夢への階段は、上から描いても下から描いてもいい

「階段の法則」の効果はてきめんで、この青写真を描けたら、その人はすでに半分成功しているといってもいいくらいです。

ただ、なかには階段をつくれない人もいます。夢があいまいすぎたり、ネガティブな気持ちになっているときなど、どんなに考えても夢と現在を結ぶ階段が見えてこないことがあります。

そんなときは、階段を下から積み上げていくやり方もあります。ターゲットはあえて絞らず、興味があることに片っ端から手をつけてみる。一通りやり終えたら、そのなかから一番手ごたえを感じた階段に上って、短期間でもいいから集中して取り組ん

でみる。さまざまな人に会ったり、情報を集めたり、とにかく積極的に動いているうちに、次のステップが見えてくる――。

私自身もどちらかといえば、階段を下から積んできたタイプです。最初からダンサーや振付師になるという夢があったわけではなく、興味が向くままいろいろなことにチャレンジしていたら、いつの間にかダンサーへの階段が出現していたのです。

最初のきっかけは、幼稚園のときに見た「ソウル・トレイン」というアメリカのダンス音楽番組です。ライブ演奏に合わせて踊る外国人ダンサーが本当にカッコよくて、毎日マネして踊っていました。

しかしながら、そこから一直線にダンサー志望となったわけではなくて、私の興味はどちらかというと「海外」とか「外国人」に向いていました。だから英語はものすごく勉強したし、在学中にイギリス留学も経験しました。その一方で、中学・高校ではバスケ部にどっぷりはまったり、ディスコに通ったり、竹の子族をやってみたり、いろんなことに足を突っ込んだ青春時代でした。

卒業後は英語力を活かして赤坂見附にある商社に就職しました。ＯＬをやっていたと言うと驚かれますが、**じつはこの就職こそがダンサーという仕事につながる階段だったのです。**

まったくもって偶然なのですが、会社の真向かいがダンス教室で、オフィスの窓からはスタジオの様子がよく見えました。そこで同世代の女の子が楽しそうに練習をしているのを眺めているうちに、私もやってみたいという想いがムクムクふくらんで、初めて正式にダンスを習うことにしたのです。

そうしたら半年後には「先生をやってほしい」と言われ、ダンスインストラクターをはじめました。しかもミュージカル劇団のオーディションに合格し、そこに所属することまで決まったのです。

それを機に会社を辞めて小さなダンス教室をはじめたところ、生徒さんがどんどん増えていって、先生と呼ばれる責任を自覚していきました。

そうこうするうちに、いつの間にか「振付師」の肩書もつくようになり、数年後には「吉本印天然素材」の仕事が舞い込みます。一九九七年からはＮＨＫ紅白歌合戦のステージング、一九九八年には冬季長野オリンピック閉会式での公式テーマソング振り付けと、次々に大きな仕事をいただけるようになりました。

おもしろそうだと思った階段を一段上り、そこで頑張っているうちに二段目が見つかって、二段目でも一生懸命やっていたら三段目も見えてきて……。それをくり返しているうちに、ダンスで生きていけるようになっていたのです。

ただ、いまの私は若いころとはまた別で、最初に紹介した「階段の法則」のセオリーどおり、階段の最上段〈夢〉を起点としてやるべきことを考えています。

それはあるときから「日本でのダンス文化の確立」という確固たる目標ができたから。そのために「振付師とダンサーの地位を向上させる」など、めざすゴールが明確なときは、階段は上から下へ描くほうが効率的に夢へと近づけます。

他人の評価を気にする人は「新しいもの」をつくれない

アイドルもビジネスマンも、ある意味では〝評価されてナンボ〟の世界です。どんなに努力したとしても、会社や世間が評価してくれなければ出世や成功は望めません。

とはいえ、周囲の評価ばかり気にするのも考えものです。

たとえば振り付けリハーサルの最中に、踊りながら私のほうばかりチラチラ見てくる人はまず上達しません。「先生の反応はどうだろう……」なんてことだけ考えて踊っているから、本来の目的を見失ってしまうのです。

本来の目的とはこの場合、ダンスの技術や表現力を磨くことであって、「夏先生にほめてもらうこと」ではありません。だったらレッスン中は私の顔色なんてうかがっていないで、鏡に映る自分自身をしっかりと見て、イキイキと美しく踊れているかを確認すべきでしょう。

自分の気持ちがどちらに向いているか、それが、自己が確立できているかどうかを自分自身ではかる絶好の機会になります。

正直にいえば、私だって自分の振り付けたダンスがどんなふうに評価されるのか、CDやPVの売り上げがどうなるかは、もちろん気にはなります。でも、それを優先順位の一番上に持ってくることはありません。ウケるかどうかを第一に考えていたら好きなもの、新しいものはつくれないし、自分にうそをつくことになるから、結果、いいものだって生まれません。

エースと呼ばれる人たちは、このあたりのバランス感覚が絶妙です。他人の評価を無視するわけではないけれど、それに振り回されたりはしない。それはつまり、自己を確立している証《あかし》なのです。

強みはたったひとつあればいい

エースの資格〈その2〉は「**自信を持つ**」ことです。

じつは、自信を持つのはそれほど難しいことではありません。現時点で「自分に自信がないなぁ」という人は、ついつい誰かと自分を比較して、劣っているところばかり見ている傾向があるようです。

以前、AKB48のあるメンバーが「○○ちゃんは歌がうまいし、△△ちゃんはダンスが上手、でも私には何もないんです」と泣きついてきたことがありました。

こういうとき私は必ず「できないことや苦手なことが山ほどあったとしても、強みが一個あればいいんだよ」と言うようにしています。なぐさめではなく心底そう思います。**なぜなら核となる強みをひとつでも持っている人は、それをよりどころにして、さまざまな困難を乗り越えていけるからです。**

実例をあげて説明すると、モーニング娘。の安倍なつみは集中力という強みを持っていました。彼女がモーニング娘。のセンターに起用されたのは、この集中力があったからにほかなりません。

アイドルグループのセンターはステージ上の人数によってダンスの動きが大きく変わってしまうという、負担の大きいポジションです。とくにモーニング娘。のときは本番直前にフォーメーションが変更になるといったアクシデントが何度もあって、そのたびに安倍は大変な思いをしました。

本番直前の舞台裏、ほかのメンバーがメイクに入ったりお手洗いにいったりバタバタしているなか、私とマンツーマンで向き合って振りを覚え直していく――。そんなときの安倍の集中力は本当にすごくて、私の説明にウン、ウンとうなずきながら、短時間ですべてを吸収していく。それで最後に私が「大丈夫？」って聴くと、「大丈夫」ってうなずく。そうしたらもう、絶対に間違えません。

ふだんの安倍はレッスン中に居眠りをしたり、注意されても「テヘへ」ですませてしまうようなポワっとした子なのですが、そのキャラが許されるのも集中力のおかげです。いざとなればちゃんと集中スイッチが入ることがわかっているから、ちょっとくらいトボケていても信頼が損なわれたりはしないのです。

ＡＫＢ48の大島優子の核にあったのは冷静さと平常心です。彼女は前田敦子がいたころはつねに二番手のポジションで、内心では忸怩《じくじ》たる思いもあったはずです。しかし、そんな葛藤《かっとう》は心の奥底に封じ込め、二番手としての役割を完璧《かんぺき》にやり遂げました。それは彼女が冷静に自分を、前田を、そしてＡＫＢ48全体を見ていたからできたことだと思います。

つねに冷静沈着に相手を観察し、どういう言葉にどう反応するかなどを見極めているから、どんな相手とも円滑にコミュニケーションをはかることができるのでしょう。

このように、何かひとつでも核になるものがあれば、それは形を変えてさまざまな場面で自分を支えてくれます。別の言い方をするなら、あれもこれも、たくさんの才能を持っているように見える人でも、じつのところそれはたったひとつの核が形を変えたものだったりするのです。

だから自分に自信を持てない人は、足りないところばかり見ていないで、まずは強みのほうに目を向けましょう。ひとつでもいいから、誰にも負けない強みを見つけることができたなら、それを大いに誇り、自信を持っていいのです。

「好きなもの一〇個」の意外な効果とは？

どんな自信家だって失敗すれば落ち込むし、ときには自信を喪失してしまうこともあります。**そのようなときの療法として効果的なのが、「好きなもの」を一〇個列挙することです。**

これは意外と難しく、すらすらと一〇個思いつく人はなかなかいません。なかには三個くらいで詰まってしまう人もいます。

——でも、それでもいいのです。

この療法にはふたつの側面があって、**ひとつは、好きなことを考えていると、それだけで自然とポジティブな気持ちになれること**。私はよく教え子が落ち込んだときにこれを試しますが、好きなものを一個、二個と数えているうちに、顔つきがどんどん明るくなっていくのがわかります。

もうひとつは、自分にとって大事なものは身近にあると気づけることです。

ほとんどの人は「好きなもの」と言われるとなぜか食べ物を連想するようで、リストのなかにはだいたい「ケーキ」とか「バナナ」とか好きな食べ物が入っています。そうしたら、その食べ物をすぐさま買いに行き、こう考えるのです。

「この世に生きて好きだと思ったもの一〇個のうち一個がもう手に入った！」

どうでしょうか。

大げさに聞こえるかもしれませんが、実際にそれを手に入れたり、好きなことを実行したりするだけで楽しくなり、ネガティブな気持ちは必ず薄れていきます。簡単なことではありますが、実行すれば達成できるという実感も伴い、それがちょっとした自信として蓄えられていくのです。

「恥ずかしくない」という気持ちは車のアクセルと同じ

エースの条件、最後のひとつは**「前に向かって進む」**ことです。**前向きに考え、行動できることは、ほかのどんな弱点を補ってもあまりあるほどの強みになります。**

たとえばAKB48の高橋みなみ――。

いまではグループ総監督になっている彼女ですが、第一期生として入ってきたばかりのころは目を覆いたくなるほどダンスが下手で、スキップすらできませんでした。

でも高橋は「私は踊りが下手だからダメだ」なんて後ろ向きなことは一度も言いま

せんでした。マネジャーに「なんだ高橋、スキップもできないのか」とバカにされても、へへへと笑いながら舞台の隅でずっとスキップを練習していました。

そのスキップがまたヘンテコで、さらに周囲の失笑を買うのですが、それでも平気な顔を見せています。

——ふつうの女の子なら「恥ずかしい」と感じて腰が引ける場面かもしれません。

でもそれを表には出さないで、へっちゃらなふりをして練習しているのです。多感な十代の女の子には、なかなかできることではないと思います。**でも、この「恥をかくことを恐れない」ことが、必ずあなたの強みになります**。恥を恐れるか、恐れないか、それは前に進もうとする自分にブレーキをかけて勢いを殺すのか、アクセルを踏んで勢いをつけるのか、それほど大きく成長に関わってきます。

高橋は、人の話を聴くときの姿勢も、文字どおり〝前向き〟でした。

私は集団でダンスのレッスンを行うときでも、気持ちはつねに一対一のつもりで話をします。そのころはAKBのチームA（いまで言う一期生）の子たちを指導していましたから、二十数人がずらっと並んでいるところへ、私がみんなと順番に目を合わせながら、プロ意識を覚醒《かくせい》させるための話を切々とするというシチュエーションだったと思います。

こういうとき、メンバーのなかにはなんとなく目をふせたり、誰かの後ろに隠れたりする子が必ずいるのですが、高橋はいつでもじっと私の顔を見て話を聴いてくれました。おおげさに身を乗り出したり、ウンウンとうなずいたりしているわけではありません。

でも、横並びのメンバーのなかで、彼女だけがグッと前に出てきているような、私との距離がとても近いような印象を受けるのです。高橋が本気で私の話を聴こう、話を聴いて吸収しようと思っていたからこそ感じたことだと思います。

このような前向きさは、人の〝達成力〟を高め、実現のスピードを速めます。

誰だって練習すればスキップくらいできるようになるし、いつかはダンスも踊れます。けれども高橋は人の話を真剣に聴き、恥をかくことを恐れず前向きに練習をしたことで、私が期待した以上のスピードで上達していきました。

いまでも高橋はダンスが下手だとネタにされることがありますが、少なくとも私は十分立派に踊れていると思うし、ＡＫＢ48に入ってからの伸び率でいうなら全メンバー中トップクラスではないかと思います。

志村けんはなぜ芸能界の第一線で活躍しつづけるのか？

宝塚歌劇団やマッスルミュージカル、ジャニーズＪｒ．など、私はこれまで二〇〇組におよぶ芸能人やアーティストに振り付けをしてきましたが、そのなかでも「この方は本物のプロだなあ」と感心させられたのが志村けんさんです。

私は志村さんとはなぜかご縁があって、バカ殿様とミニモニ。がコラボしたナンバーをはじめ、明治製菓「カール」のテレビコマーシャルや研ナオコさんとのデュエット曲などの振り付けで何度かご一緒させていただきました。

なかでも印象深いのは「カール」のＣＭを撮影したときのことです。

志村さんは芸能界の大御所なので、スタッフは相応に気を遣います。このときもディレクター以下、みんなが志村さんの顔色をうかがっているような神妙な面持ちが並ぶなかで撮影はスタートしました。

ＣＭは、志村さんが「カール」のテーマに合わせて盆踊りに似たダンスをするというものでした。ダンスシーンがテレビで流れるのは十秒くらいですが、本当は三番くらいまである長いもので、それを一曲通して撮影するため、どこか一か所でも間違えたら最初からやり直しになってしまいます。

何度目かのテイクでＯＫが出たのですが、じつは志村さんはステップをちょっぴり間違えていました。目立たないミスなので、みんなは気づかなかったのか、気づいても気づかないふりをしたのか、「すばらしかったです！」と口々に言ってスタジオ内は盛り上がっている。

しかし、私はその間違いに気づいてしまいました。振り付けを担当している身としては黙っているわけにはいきません。

「志村さん、あそこ右足じゃなく左足だったんですけど……」

そう注意したのです。

するとご本人は「バレたか」と言ってニヤリと笑い、ディレクターに「お前、ちゃんと気づいて言えよな～っ」と注意したうえで、自分から「よしっ、もう一回いくぞ！」と言ってくれたのです。

これが若手なら当たり前のことですが、人は偉くなればなるほど、自分の非を認めたり、目下の人の意見に耳を貸したり、自分から努力することを忘れてしまいます。とくに志村さんほどの大御所になればいつも周囲から気を遣われているので、自分を見失ってしまう人のほうが多いのではないかと思います。

しかし、志村さんは違う。

偉そうに振るまっているようでいて、内面はとても繊細で、まわりをよく見ていらっしゃいます。もちろん、ご自身の仕事の役割を深く理解されているからこそ、人を楽しませるための努力を惜しみません。だからこそ、生き馬の目を抜く芸能界で何十年もトップランナーの一人として走りつづけていられるのでしょう。

素人からプロになるだけではなく、ベテランになってもプロ意識を持ちつづけることのすばらしさを伝えたくて、このエピソードを紹介させていただきました。

「こころ」をゆさぶる「言葉」を使え！

私の仕事は正確にはダンスプロデューサーですが、そのなかの業務に「振り付け」も含まれます。いまでこそ振付師といえばある程度わかってもらえるようになりましたが、私が振付師を名乗りはじめたころは一〇人が一〇人ともわからないような状態で、怪訝《けげん》な顔をされることも珍しくありませんでした。しかし振付師の仕事もずっと同じ姿をしているわけではありません。

あなたは「振付師」をどのような仕事だと思っているでしょうか。

ほとんどの人は「ダンスの動きを考案し、その踊りを教える仕事」をイメージするのではないでしょうか。

でも、少なくとも私の場合は違います。私は自分の仕事を「人の成長のお手伝いをすること」だと思っています。


「振付師が成長のお手伝い？」

そう思われるのも無理はありません。しかし、私が振りをつける相手は多くの場合、アイドルの卵やお笑い芸人、映画俳優などであって、ダンスに関しては素人の方々。なかには「ダンスなんてやりたくない！」と、否定的に構えている人もいます。

そのような相手にダンスを教えるには、まず「こころ」の部分から変えていかなければなりません。


安倍なつみや中澤裕子など、モーニング娘。の初期メンバーも「え！　ダンス⁉」という女の子たちの集まりでした。

いまでこそアイドルが〝歌って踊る〟のは当たり前になりましたが、モーニング娘。が結成された一九九七年当時は、アイドルとはすなわち〝歌手〟であって、ダンスはオマケみたいなものだと思われていました。

しかもモーニング娘。の一期生は「シャ乱Q女性ロックヴォーカリストオーディションヨン」という企画に落選した女の子の集まりだったので、「ボーカルになりたい」という気持ちはあっても、「ダンスがしたい」と思って応募した子なんて一人もいませんでした。

そういった相手にダンスを教えるには、身体的な技術やノウハウの前に、まずは「こころ」を変えていく必要があります。さまざまな言葉でなだめたり、すかしたり、脅かしたり、ほめあげたり、叱咤《しった》したり――。**そんなふうに、持てるボキャブラリーのすべてを駆使して教え子の「こころ」をゆさぶり、前向きな気持ちを呼び起こすことこそが、振付師・夏まゆみの仕事なのです。**

相手に興味を抱かせ、行動を促すビジネスシーンでも同じことでしょう。

私はひそかに自分の「言葉」には力があると自負していますが、それは振付師を名乗るようになってから現在まで、三〇年にわたってずっとずっと「言葉」で人を動かすことを考え抜いてきたからです。

若き日の問題児・ナインティナインが教えてくれたこと

メディアでは「モーニング娘。」やAKB48の振付師」などと紹介されることの多い私ですが、もともとは自分が踊ることがメインのダンサーで、ニューヨークのアポロ・シアターに日本人として初めてソロダンサーとして出演したという、大変貴重な経験もさせていただきました。

ところが所属していた劇団の仲間にダンスを教えたりしているうちに、だんだんとよそからも「教えてほしい」と声がかかるようになって、ふと気づけば「ダンサー」よりも「振付師」と呼ばれることが多くなっていました。

振付師として初期のころの大仕事に、ナインティナイン（岡村隆史・矢部浩之）や雨上がり決死隊（宮迫博之・蛍原徹）が所属していた「吉本印天然素材」というユニットのダンス指導と振り付けがありました。これはもう何度辞めようと思ったかわからないくらい、本当に大変な仕事だったのですが、現在の夏まゆみがあるのはこのときの経験のおかげといっても過言ではありません。

何がそんなに大変だったかといえば、とにかく、誰も私の言うことを聴いてくれない、ということ。

吉本印天然素材が結成された一九九一年当時、メンバーの平均年齢は二十歳前後と、ただでさえ「ナマイキざかり」の年ごろでした。対する私は彼らより十歳ほど年長だったものの、振付師としてのキャリアはまだ浅く、しかも女性だということで、メンバーたちは「ダンスなんか教わりたくない！」と反抗心を隠そうともしませんでした。

とくに「問題児」だったのがナインティナインの二人です。

岡村はブレイクダンスの経験があるから本当は上手に踊れるのに、反発するばかりでなかなかまじめに踊ってくれない。矢部は矢部で、ほかのスタッフがいないときを見計らって稽古《けいこ》中に茶々を入れてレッスンを中断させる。

私は女だからとバカにされないよう、彼らの前では絶対に泣かないと心に誓っていましたが、「お前のために踊ってるんちゃう！」と言われたときには、トイレに駆け込んで号泣してしまったこともありました。

もっとも、彼らにも同情すべき事情はあったのです。

吉本印天然素材は、若手芸人を〝アイドル芸人〟として売り出したい事務所の意向で立ち上がったユニットで、本人たちにしてみれば「おれたちはお笑いがしたくて吉本に入ったのに、なんでダンスなんかせなアカンねん！」というのが本心だったのでしょう。

しかし事情はどうあれ、彼らは踊らなければいけないし、私は教えなければいけません。

ダンスへの意欲もなければ指導者への敬意もない。そんな彼らに言うことを聞かせるにはどうすればいいのか、私は日々考えつづけました。ダンスの振り付けを考えるよりもずっと長い時間を、この問題と向き合うことに費やしました。

そして私は少しずつ「言葉」の力を理解していきます。

人の注目を集めたいときはどう言えばいいか、振付師として稽古場の空気をコントロールするにはどんな言葉が有効か、吉本印天然素材の現場で試行錯誤を重ねながら「言葉力」に磨きをかけていったのです。

これが指導者としての私の原点と言えます。

いまの私が大物俳優からアイドルの卵まで相手を選ばずに振り付けができるのは、**ダンススキルなどでは決してなく、どんな相手からでもやる気を引き出し、前向きにダンスに取り組ませるための「言葉」を持っているからです。**

これは私にとって大きな発見でもありました。なぜなら、他人より秀でた専門的なスキルより、誰もが持ちうる「言葉」のほうがはるかに人を変えることができたからです。

本書にも、そんな力ある言葉をあますことなく注ぎ込み、あなたがエースになるお手伝いをしていきたいと思っています。


余談ではありますが、吉本印天然素材への指導は八年間続きました。その間にメンバーも私も成長し、その途中で、ナインティナインの二人はメンバーから抜け、それっきりになってしまいました。

彼らと再会できたのは、それから数年後のことです。

テレビ番組の企画で「夏先生に謝りに行こう」ということになり、岡村は「ダンスを教えてください」と言い、矢部は「ゴメンね」と言ってくれました。

つらかった八年間もいまでは笑い話であり、よき思い出であり、誇りでもあります。

魔法の言葉は「目からビーム、手からパワー、毛穴からオーラ！」

志村けんさんや吉本印天然素材の例からもわかるように、振付師は本職のダンサーだけを指導する仕事ではありません。

まったくの素人とそれなりに踊れる人、どちらに教えるのが難しいかといえば、間違いなく前者です。経験者なら「ワン、ツー」のかけ声でテンポを取れますが、初心者相手ではそうはいかない。

「ここは〝おっとっと〟っていう感じで右に動いて！」「〝待て〜〟という感じで元の位置に戻る！」などと身近な言葉で説明し、それでもわからないようなら別の表現に言い換えるというように、教官はボキャブラリーを総動員してダンスの意図を伝えなければなりません。
こういうところからも、私の仕事は「言葉」をあやつる仕事なのだとつくづく思います。

「目からビーム、手からパワー、毛穴からオーラ！」

初期のＡＫＢ48ファンにはおなじみの合言葉も、そんな試行錯誤から生まれました。それは、ＡＫＢ48に入りたての第一期生を指導していたときのことです。彼女たちもまたダンスに関しては素人ぞろいで、板野友美と峯岸みなみ以外はほぼゼロからのスタートでした。

ダンス初心者に共通するのは、踊りの「型」を覚えることにばかり意識がいって、細かい表現がおろそかになってしまうことです。ＡＫＢ48の面々も例外ではなく、腕をまっすぐ上げなければならないのに肘《ひじ》が曲がっていたり、腕が伸びたと思ったら今度は指先が丸まっていたり、顔は正面を向いていても視線が泳いでいたりと、全体的にツメが甘く、統率された美とはほど遠いものがありました。

どうしたら伝わるだろうということを考えに考え、その自分の想いが集約されたフレーズが次の三つです。

目からビーム——眼力のビームでお客さん一人ひとりに気持ちを届けよ！
手からパワー——手のひらからパワーが出るように、指先にまで意識を集中せよ！
毛穴からオーラ——周囲の空気を包み込んでオーラに変え、身体全体から放出せよ！

三つの大原則がぎゅっと詰まった合言葉ができたとたん、みんなの動きがガラリと変わりました。みんな私の意図をよく理解してくれるようになり、身体のすみずみまで意識が行き届き、表現は見違えるほどよくなったのです。

人は気持ちの乗った言葉によって、初めて背中を押され、はっきりと前向きになるのです。それは同時に、言葉で後ろ向きになってしまう危険性も秘めている、ということを意味します。だからこそ、自分が前を向ける言葉を「持っているかどうか」が、私たちには重要なのです。好きなことを実行させることで前向きになってもらうこともありますが、そのような言葉をいかにして届けられるか、振付師としての私は、そこを振り付けと同じくらい大切にしています。

「目からビーム、手からパワー、毛穴からオーラ！」

この言葉はいかに人を変えうるか、我ながらその大きさをあらためて実感させてくれた言葉でした。

自分の輝くべき場所で輝ける人、つまり「エース」の資格を持つ人は「自己を確立し、自信を持ち、前に向かって進む」人です。背中を押し前向きにさせてくれる言葉には、自己を確立する力も自信を持つきっかけも存在します。

言葉は前に進むためにあります。

そんな自分なりの大切な言葉を持つ人になる。

それだけでもあなたがエースになる一歩を十分に踏み出したことになるのです。

2

エースは群れない

――「自己確立」のための思考法

もっと「個人」になりなさい！

「もっと『個人』になりなさい！」

――数年前のNHK紅白歌合戦で、人気歌手氷川きよしさんのバックダンサーに振り付け指導をしていたときに思わず叫んでしまった言葉です。

バックダンサーは女の子ばかり四〇人ほどいたでしょうか。一般的に、ダンスの基礎ができている人に振りをつけるのは、初心者を相手にするよりずっと教えやすいのですが、このときはむしろ彼女たちのダンス経験をうらめしく思いました。「自分は踊れるから大丈夫～！」という慢心からか、練習ぶりにまるで真剣味が感じられなかったのです。

じつは、バックダンサーの一部にやる気がないのは今回にかぎったことではありません。私は過去に何度も無気力なバックダンサーに出会い、そのたびに同じダンサーとして悲しい気持ちに沈んできました。

彼らはつまるところ「自分はしょせん大勢のバックダンサーの一人だ」と考えているのです。だから全力を出そうともしなければ、自分たちの力でステージを盛り上げようという考えもないのです。

おまけに紅白歌合戦では、AKB48やモーニング娘。のようなアイドルたちがスポットライトの下でダンスを披露する。

「あんな素人みたいなダンスでいいなら、私が本気で踊る必要はない」

そう思った人も少なからずいたと思います。

だけど、それはまったくの思い違いなのです。

「君たちはAKBやモーニング娘。なんてただのアイドルと思っているかもしれないけど、彼女たちは君たちよりはるかに踊れるし、ずっと輝いているし、もっと真剣だし何より彼女たちは責任を持っている。渡辺麻友とか柏木由紀とか高橋愛とか道重さゆみとか、全員が自分の名前を出して、自分の名前で勝負している。それが君たちはどうだ。バックダンサーだから名前が出ないのはしかたがないにしても、バックダンサーというひとつのくくりにおさまっていることに甘えて、あまりにも責任を持たなさすぎる。それが君たちの弱さなんだ。君たちがこれからもずっとバックダンサーでいいと言うなら別だけど、そうじゃないならもっと仕事への取り組み方を変えなきゃいけない。君たちはもっと『個人』にならなきゃだめなんだ」

――そんな調子で私はバックダンサーたちに、自分に責任を持つよう叱咤《しった》しました。

みんながみんな私の言うことをわかってくれたとは思いませんが、何人かは目の色がハッと変わるのがわかりました。

その何人かのパフォーマンスが見ちがえるほど変わったのはご想像のとおりです。彼女たちはそのとき何かに気づき、「エース」の道を歩みはじめたのです。

「仲間」を意識すればするほど成長しない

ダンスの練習では私は全員に向かって同じことを言います。

ですから、同じ距離感で同じ声の大きさで、同じ厳しさとやさしさを持って言葉を伝えています。しかし、それを聞くメンバーの様子は一人ひとり、本当に千差万別で、異なった反応が返ってきます。

その場にいるメンバーたち自身にはあまり想像できないかもしれませんが、みんなを同じように見ている私の目には、驚くほどさまざまな反応が見られるのです。

ダンスの練習中に先生の顔色ばかりうかがう人は上達しないという話を先ほど紹介しましたが、じつはこうした場面でもっとダメなパターンがあります。

それは、一緒にレッスンを受けている仲間の目を気にしてしまうことです。

先生の表情を見て「大丈夫かな？」と心配するならまだしも、仲間が自分のダンスをどう思っているか、そのようなことをいちいち気にしていたら練習になりません。

どうしていまそのような話を掘り返すかといえば、この、仲間の目を気にするという「思考」がエースの大敵だからです。


「私が一番できていないかも……」

「私のダンスはみんなから見て変じゃないかな……」

「この場で個性的なダンスを披露したら〝抜け駆け〟と思われるかな……」


そんな心配をしていたら、せっかくの才能やアイデアを発揮できなくなってしまいます。

また、こうした思考の人は仲間と「群れ」で行動するのを好み、周囲と同じであることに安心感をおぼえる傾向があるため、ますます成長から遠ざかってしまいます。

「群れない時間」をつくりなさい

「そうは言ってもチーム作業で、メンバー同士仲よくなるのはいいこともあるのではないか？　群れることはそれほど悪いことなのか？」

そう感じる方もいることでしょう。

しかし、芸能人・一般の方々を問わず、私がこれまで指導してきた数多くの人を見ていて思うのは、「ずっと群れている人」と「群れない人」ではその後の成長・成功に明らかな差が生まれる、ということです。

もちろんそれには大きな理由があります。

周囲の目ばかり気にしたり、仲間同士で群れたがるのは、自分というものがない証《あかし》といえます。そんなつもりがなくても、いつも集団にいると、グループのやり方、グループの総意、グループの行動に少しずつ影響されていきます。

しかし、エースの第一条件である「自己確立」ができている人はまず群れません。仲間と必要以上になれ合うことなく、つねに自分として行動するのはエースに共通する特長です。**少なくとも必ず「ひとり時間」を知らず知らず設けているのです。**

この「ひとり時間」というのが、自己を確立していくうえで非常に重要な「時間の使い方」なのです。

ＡＫＢ48時代の前田敦子がまさにそうでした。

レッスンの合間にある休憩時間の多くを、前田は独りで過ごしました。ほかのメンバーが数人のグループになってワイワイおしゃべりをしているなか、ステージの端で座り込む姿をしばしば見かけました。

私は、この時間が「絶対的エース」前田敦子をつくったと思っています。

本人にたしかめたことはありませんが、自分自身のこと、仲間のこと、それぞれの立ち位置や目標など、いろんなことを頭のなかで確認していたのだと思います。

レッスンがはじまってしまえば、いかに前田といえども、私に言われるままがむしゃらに動くしかありません。**だからこそ彼女はわずかな休憩時間を群れずに過ごし、**

自分自身を取り戻す時間にあてた。そして自分の伸ばすべきところ、直すべきところ、さらには自分の立ち位置や役割までも確認して微修正を加えていった。その積み重ねにより、前田はゆるぎない自己を確立していきました。不必要に群れずに「ひとり時間」を積み重ねることが、エースの資格〈その1〉である自己確立を自分にもたらすのです。

そんな前田に対して「チームワークを乱している」とか「協調性に欠けている」と言う人もいるでしょう。実際に私もそういった内容のコメントを目にしたことがあります。

しかし私は、むしろそんな風潮のほうがとても怖いことだと感じています。**より具体的に言うなら、身内に気を遣い、仲間から浮かないように足並みをそろえることが「チームワーク」だと思っている人がいることが恐ろしいのです**。

同じ考え方を持った同じレベルの人が集まって、みんなで手を取り合いながら同じ方向をみて頑張っていく――。

それがチームワークなのだとしたら、そんなものはいますぐ捨てたほうがいいくらいです。エースをめざす人にはもちろん、そこに関わるすべての人にとって、横並び主義のチームワークは決してチームを成長させない「無用の長物」です。

協調しないほど
チームワークはますます強くなる

一般的に、協調性やチームワークがない人は仕事ができないと思われがちですが、そんなことはありません。少なくとも私が知るかぎり、協調性やチームワークを最重視して成功した人なんて一人もいません。

「協調性がない人ばかりが集まって、はたして仕事がうまくいくのか?」

そのような疑問に対しても、大丈夫だと断言できます。たとえ個人が協調性を意識していなくても、一人ひとりがプロの自覚を持って「最高のパフォーマンスを生む」

という意識で動いてさえいれば、最後は必ずうまくまとまります。**なぜならプロは、自分の我を通して「いい仕事」をしても最高のパフォーマンスは生まれず、最終的には評価されないのを知っているからです。**

たとえば私が振付師として舞台制作に参加するとします。当然ながら、その仕事には演出家や舞台監督、照明スタッフ、音響スタッフ、衣装スタッフ、タレント、タレントのマネジャーなどたくさんの人が関わります。

集まったメンバーが一流であればあるほど、初めは足並みがそろいません。

「この場面はこういうセットにしよう」
「それじゃダンスができないよ」
「もっと衣装が目立つようにセットの色を変えてほしい」
「でもこのセットは絶対に外せません」

こんなふうに、みんながみんなその道のプロとして自分の意見を強く主張し、歩も引きません。

でも、ミーティングが紛糾するのは最初のうちだけです。どんなにダンスがすばらしくても、そのためにセットが不自然になったり、踊りやすさ重視で衣装がダサくなってしまえば、結局のところ舞台は失敗となり、ダンスの魅力も半減してしまうことがわかっているのです。

この場面で大切なのは協調することではなく「目的を共有」することです。

目的は舞台を成功させることであって、ダンスやセットや衣装だけをアピールすることではありません。それさえ理解していれば、プロたる者、冷静に全体を見わたせます。譲れない部分は絶対に主張を続けるけれど、相手の意見がもっともだと思えば歩み寄り、結果としてダンスも衣装もセットも演出も、すべてが高いレベルで調和した舞台ができあがります。

――これがもし、最初から協調路線でやっていたとしたらどうでしょう?

仲間のことばかり気にしていると、ギリギリのバランスで保たれる個性が失われるだけでなく全体を俯瞰《ふかん》する目が曇り、舞台を成功させるという目的を見失ってしまいます。ミーティングは和気あいあいと進展するかもしれませんが、自己を確立することはできず、舞台はきっと中途半端で凡庸なものになるでしょう。

「あの人のために」は百害あって一利なし

舞台のために集められたスタッフという〝広い意味での仲間〟を例にチームワーク不要論を説きましたが、同じことは会社の同僚など、いつもそばにいる〝本当の仲間〟にもあてはまります。**むしろ仲間同士のほうが「チームがよくなるなら自分はどうでもいい」という間違った自己犠牲に陥ってしまいやすく、危険が大きいといえます。**

ＡＫＢ48にも、そのようなメンバーが何人かいました。

このグループのように大人数でひとつのステージをつくり上げるには、息の合ったダンスが不可欠です。そして大人数のダンスというのは、どうしてもセンターに近い前列のメンバーが目立つことになります。

しかし、それは断じて〝その他〟のメンバーが主役の引き立て役になるということではありません。

「二列目、三列目の私にできることといえば、センターのあっちゃんを盛り上げることくらい……」

そんなふうに考えていたら、客席に届くエネルギーが絶対に少なくなってしまいます。自分がイキイキと踊れないだけではなく、結果としてチーム全体のパフォーマンスのレベルも下がってしまいます。

真ん中だろうが端っこだろうが、立ち位置にかかわらず自信を持ち、踊っているその瞬間を楽しんで、いまここで輝くことこそ自分の責任なんだと認識する――。

そうやって全員が自己を確立し、「自分こそエースだ！」という気概でつくり上げるステージは、チームワークでまとめたステージよりもはるかにすばらしいものにな

ります。

ファンの存在も忘れてはいけません。

彼らは全員がセンターの前田敦子を応援しているわけではなく、二列目でも三列目でもそれぞれの〝推しメン〟（お気に入りのメンバー）のことをちゃんと見てくれています。

それなのに、当の本人が歯車のような気持ちで踊っていたらどうでしょう。いくら全体がきれいにまとまっていても、ファンにとっては物足りないだろうし、「この子、すごいな！」と新しいファンがつくこともありません。

こうしたことはビジネスの世界にもあてはまるのではないでしょうか。

たとえばファンの存在は自分が担当するお客様やクライアントの存在と同じです。その方々は大なり小なり意見や期待を自分に向けています。**その言葉や期待に見向きもせず会社で言われたことだけをやっていては、相手からすると物足りなく感じてしまいます**。

本当はすごく力を持っているのに、確立された自己がないことで、チームワークという枠のなかだけで動こうとして実力を十分に発揮できず、成長のチャンスも逃してしまう――。

心当たりのある方も多いのではないでしょうか。

チームの調和を最優先にすることは、チームにとっても本人にとっても決してよい結果を生みません。そもそもチーム内で目的を共有できてさえいれば、必要に応じて自然と歩み寄るようになるのだから、最初から協調性やチームワークを第一に考える必要はないのです。

「強き者」にはとことんライバル心を燃やせ

チームワークについて少しだけ補足しておきます。

ここまで横並び主義のチームワークを批判してきましたが、決して「個人主義になれ」と言っているわけではありません。

ＡＫＢ48でもモーニング娘。でも、私は先輩格のメンバーに「ちゃんと後輩の面倒をみること」と教えてきました。それはチームワークを推奨しているのではなく、**自分より弱い者にやさしくするのは人として当然の思いやりだからです**。

それで思い出すのがモーニング娘。の石川梨華で、彼女は辻希美と加護亜依の面倒を本当によくみてくれました。この三人は同期であり先輩後輩の関係ではありませんが、辻と加護は当時まだ一二歳の「お子ちゃま」だったこともあり、石川がお姉さん役を買って出てくれたのです。おかげで周囲はとても助かったし、石川本人も加入直後でまだ歌やダンスに自信が持てないぶん、教育係として輝くことで自分を保つことができたのだと思います。

このように、やさしさと思いやりをベースにした仲間意識は、「みんな仲よく手をつないでいきましょう」という群れ思考とはまったくの別物で、人の成長にも大きく寄与します。

その仲間意識と同じくらい大事なのが、競争意識です。

ＡＫＢ48でいうなら全員がセンターに立つことはできないし、全員が前田敦子になる必要もないのですが、「いつかは絶対あそこを定位置にする!」という気持ちは持っていてほしい。なぜならその競争意識こそ、安易なチームワークに流されず「群れない時間」へと導いてくれる、人をもっとも大きく成長させるエンジンとなるからです。

弱き者を思いやり、強き者にライバル心を燃やす――。

それをもしもチームワークと呼ぶのであれば、私は大いにチームワークを推奨したい、そう思います。

なぜ、若手トレーナーの〝非常識〟な助言を聞き入れたのか？

ダンスで三〇年近くごはんを食べてきて、ダンスやトレーニングのことならなんでもわかっているような気になって「ゾッ」とすることがあります。

そんな驕《おご》れる自分に気がついたら「ダメダメッ！」と頭を振り、意識的に他人の意見を聞き入れるようにしています。

六、七年前、持病の頚椎ヘルニアと腰椎分離すべり症の痛みをやわらげるために、初対面の若手トレーナーから指導を受けることになりました。**ところが彼の説明は、私がずっと信じていた身体づくりの常識とはかけ離れたものでした。**簡単にいえば、私は「ストレッチは身体にいい」と思っていたのに、彼は「ストレッチは筋肉にとって不自然な状態だから、やりすぎはダメ」と言うのです。

私は半信半疑というか三信七疑くらいだったのですが、それでも彼の言葉にしたがい、すすめられたトレーニングを試してみることにしました。その分野については彼のほうが専門家だし、若いからこそ新しい教育を受けた可能性もあるし、未知のトレーニングについて知りたいという気持ちもあったからです。

結果はといえば、身体が劇的に回復することこそなかったものの、たしかに効果を感じられる部分はありました。それに、何よりもストレッチに関して新しい知識や考え方を学ぶことができ、私自身が成長できたのが非常に大きな収穫でした。

エースになるためには自己を確立することが必要ですが、かといって「ひとりよがり」になると周囲の意見を素直に聞けなくなり、新しい物事を吸収できなくなってしまいます。先ほどのバックダンサーたちはまさにそうで、アイドルなんかより上手に踊れる自信があるからと、振付師の言葉を本気で聴こうとしないのです。

その点、エースになる人は明らかに違います。

どんなに経験を積んで自信をつけても、プロからのアドバイスには真摯《しんし》に耳を傾けます。そうすることでむしろ、自分の気持ちやめざすべき方向性がより鮮明になり、自己の確立につながることを経験的に知っているからです。

「ゼロ」になる瞬間をたくさんつくれ！

私が若手トレーナーのアドバイスを聞き入れたように、**素直な気持ちですべて受け入れることを、私は「ゼロになる」と呼んでいます。**

たとえるなら、それは生まれたての鳥のヒナのようなもの――。

親鳥が運んでくる餌をえり好みしたりせず、精いっぱいの大口を開けてすべてを貪欲に飲み込もうとする、その姿が「ゼロ」のイメージです。まっさらで無防備な「ゼロ」の状態だからこそ、ヒナ鳥は栄養をたっぷり吸収してまたたくまに成長できるのです。

「ゼロになる＝吸収力＝成長（自己の確立）」です。

ところが人間は大人になり、経験値が増えるにつれて「ゼロ」ではいられなくなっていきます。最初はヒナ鳥のように無心に私の言葉を待っていたアイドルも、芸歴が長くなればだんだんと素直に言うことをきかなくなっていきます。

それはある意味では成長の裏返しなので、絶対にダメとは言いません。

ただし、エースになる人は、ふだんは経験やプライドで身を固めていたとしても、必要とあれば即座にそれをリセットして「ゼロ」になることができるのです。

たとえばあるアイドルは「ここぞ！」という大一番の前、緊張感が高まると「夏先生、何か言ってください！」とか「パワーをください！」と恥ずかしげもなく私を頼ってきます。

もはやアイドルとして一人前といえる存在の子でも、自分の一〇〇％以上を出して乗り越えていかなければならない場面では、ヒナ鳥に戻って先生（親鳥）から栄養を吸収しようとするのです。どんなに芸歴が長くなっても成長が止まらない人は、このように「ゼロ」になれる瞬間が多い人なのだと思います。

年を重ね、経験を積めば積むほど、無防備な自分をさらけ出すのはどことなく気恥ずかしいことかもしれませんが、新しい知識や成長のきっかけがほしいなら、勇気を出して「ゼロ」になるのが一番です。教える側としても、相手が斜に構えているより、素直に「ゼロ」になってくれたほうが喜んで教えようという気になります。

だからじつは「ゼロ」にならないのはとても〝もったいない〟こと――。

一度でも「ゼロ」を経験し、それが成長につながることを実感したら、次からは抵抗なくいつでも「ゼロ」に戻れるようになるはずです。

「初めてのお客さん」は自分が変わる最大のチャンス

「ゼロになる」というのはビジネスマンにとっても大切なキーワードです。

私は自分が会社勤めをしていた年数こそ短いのですが、いままでは仕事でたくさんのビジネスマンの方々とお会いします。芸能プロダクションの社員さんはもちろん、イベント企画会社の方から振り付けを頼まれたり、大学職員さんから講演の依頼を受けたり、出版社の編集者さんから本の出版を持ちかけられたりと、日々さまざまな業界のビジネスマンとやりとりをしています。

そして私はときどき思うのです。

この人、どうして「ゼロ」で来てくれないんだろう？

私に仕事を頼もうという方のなかには、どういうわけか、妙に上段に構えて交渉を進めたがる人がいます。「僕もこの業界、長いんで」と言わんばかりにふんぞり返って話をする人がいるのです。

たぶん、初めてのお客様に会いにいくときは「自分が会社を背負って交渉に臨むのだ！」という気負いがあるのでしょう。あるいは上司から「なめられるなよ」と念を押されていたり、「最初から下手《したて》に出てはいけない」といったマニュアルがあったりするのかもしれません。

だけどお客様の立場からしてみると、そういう態度を見せられて「うわーっ、この人は仕事ができそうだな」と感心することはほぼ皆無で、むしろ少なからず不快感をおぼえることのほうが多いのではないでしょうか。

会社や自分に誇りを持つことは悪いことではないし、隙のないトークをしなさいというのが会社の方針なのだとしたら、いますぐ改めよとは言いません。でも、そのやり方でうまくいかないことが続いたら、ぜひ一度「ゼロ」になることを試してほしいと思います。

お客さんの前で「ゼロ」になるということは、見栄やプライドを脱ぎ捨てて、熱意と誠意でぶつかるということです。会社や自分の実績をアピールしたいなら、遠回しに自慢をするのはやめて「僕たちはこんなに頑張って、こんな成果を上げてきたんです！」とストレートに伝えてみる。交渉中も上位に立とうということばかり考えず「ぜひ○○さんと一緒にお仕事がしたいのです」とへりくだって訴えてみる。

そんなふうに熱意と誠意で向かってくる人を嫌いになる人はいないと思うし、少なくとも私だったら間違いなく心を動かされてしまいます。

付き合いの長い相手の前でいきなり「ゼロ」になるのは気恥ずかしいでしょうから、

まずは新規のお客さんに会うときや、新しい企画のプレゼンをするときなどに、意識して「ゼロ」になってみてはいかがでしょうか。

いやなことがあったら まずは「ｗｈｙ」で置き換えなさい

いまの日常のなかでどうやったら「ゼロ」になれるかわからない――そういう人はたったひとつでかまわないので、これまでやったことのない新しいことにチャレンジしてみてください。

いったん興味を持ったことはトコトン追求したくなるのも、エースに共通する思考です。強い好奇心は私たちをいろいろな場所に連れ出してくれるし、「やってみよう」「チャレンジしてみよう」という前向きな気持ちにさせてくれます。

たとえば私は学校の勉強ではとくに「暗記モノ」である社会科は毛嫌いしていたのですが、ある出来事をきっかけに、みずから進んで歴史を勉強するようになりました。

それは一八歳、イギリスに留学していたときのことです。

私が普段どおりに道を歩いていたら、向かいからやってきたお年寄りが、すれ違いざまにわざと私の頭の上にタバコの灰を落としていきました。そして「アイヘイジャッ！」と吐き捨てて、何事もなかったかのように歩いていきました。

私はわけがわからず、その後ろ姿を見て、ただただ呆然《ぼうぜん》としてしまいました。ヒアリング力も未熟だったから何を言われたのかもわかりませんでした。

あとから一生懸命考えたところ、どうも「I hate Jap!」（私は日本人なんて大嫌いだ！）と言われたのだと気がつきました。だけど、彼がどうして日本人を嫌うのかちっともわからない。**それで私は、日本はイギリスに何をしたのか、日本とイギリスは現在どんな関係にあるのか、歴史や社会問題に興味を持つようになって世界史の本を読んだりするようになったのです。**

最近の例でいえば先ほども触れた、自分とは考え方の違う「若手トレーナー」のアドバイスに素直にしたがってみようと思ったのも、一番の理由は関心があったからです。これまでやったことがないトレーニングへの興味心が、私の経験やプライドをリセットして「ゼロ」に戻してくれたのです。

「ゼロ」になることをこれほどくり返すのは、それほど素直な状態になり、新しい知識を得ることが、自分自身の成長には欠かせない要素だからです。

とはいえ、新しいことになかなか興味が持てない、そういう人もいると思います。

そんな人は、ふだんから「Why?」で考えるくせをつけることです。

日本人は、他人に「なぜ?」とたずねることをマナー違反だと思っているふしがあり、とくに上司など目上の相手には「どうしてですか?」と言いにくい雰囲気があります。「この商品を売りなさい」と言われて「なぜですか?」とはなかなか聞けないのが日本社会だと思います。

けれども「Why?」と思うことは前向きな興味心の表れであり、よしあしでいえば間違いなくいいことです。なぜその商品を売るのかわからないまま営業に出向くより、「これこれこういう理由でこの商品を売るのだ!」と理解して営業活動するほうがずっと楽しいし、成果も上がるでしょう。私が英国人にいじわるをされたときも、シクシク泣いて終わっていたら悲しみや不快感だけが残ったけれど、それを「Why?」に置き換えたおかげで前向きな学習へと着地させることができました。

だから、どんなときも「Why?」という視点を持つことは大事です。

本人に直接「Why?」と聞けないのならば、自分で調べたり、ほかの人に聞いたっていいいんです。自分自身の興味心の芽生えをつみとってしまわないよう、日ごろから「Why?」の気持ちを大切にしてほしいと思います。

成長を止めてしまう一番やっかいなものとは？

「人間はなんのために生まれてきたかわかる？　それはね、成長するためなんだよ——」

以前、あるダンサーの女の子から人生相談を受けていたときに自然と口をついて出た言葉です。言ってから「私ってそんなこと考えていたんだ!?」と自分でも少しびっくりしたのですが、同時に「たしかにそうだ」と我ながら納得もしました。

この世に生まれてきた以上、放っておいても歳はとるし、肉体は大きくなっていく。同じように心も必ず成長する。だからつらいことがあったり、どうしていいかわからなくなったときは、成長するために生まれてきたってことを思い出そうよ――。

ダンサーとして伸び悩み、苦しんでいる彼女に向けて、私はそう言ってあげたかったのです。

でも、ここではあなたにちょっと違うことを申し上げます。

人間はたしかに成長するために生まれてきたのですが、人間のなかには自分で自分の成長を止めてしまう人もいる。**そして、成長を阻害する要因のなかでもとくにやっかいなのが「悪いプライド」です。**

たとえば元AKB48の板野友美――。

いまの彼女からはイメージしにくいでしょうが、AKB48に入ったばかりのころはちょっとした問題児でした。第一期生のなかでダンス経験があったのは彼女と峯岸みなみの二人だけだったためでしょう。「私はほかの子とは違う！」と勘違いして、まじめに練習に参加しようとしなかったのです。

もとよりダンスを少々かじったくらいではプロの舞台で通用するはずがありません。しかも板野のダンスには独特のクセがあって、それを矯正しなければならないことを考慮すると、むしろほかのメンバーよりも努力が必要なくらいでした。

それなのに板野は「自分はできている」と思い込んで、素直にレッスンを受けようとしない。踊り方についても、いくら注意されても自分のスタイルを変えようとしない。見かねた私は「板野、自分がうまいと思ってるなら大間違いだよ。そんなんじゃすぐに抜かされるよっ！」と強く叱りつけたこともありました。

それは脅しではなく本当のことで、板野がぐずぐずしている間にも差はどんどん縮まっていきました。ほかの子たちは初めてのステップに苦戦しながらも、何度も何度も基礎をくり返して着実にうまくなっていったし、もとからそこそこ上手だった峯岸は、レッスンをとおしてさらに磨きがかかっていった。

変わらないのは板野だけでした。

こうなったら元凶である「悪いプライド」を徹底的に打ち砕くしかない――。

私はそう決意し、わざと板野のプライドを傷つける行動をとりました。みんなに同じステップをさせて、うまくできた子から休憩を許可し、本当にできない子と板野だけを最後まで残す。ステージ上の立ち位置も、一列目から二列目、三列目とどんどん後ろに下げてしまう。それは、悪いプライドを持ちつづけることの無意味さを、言葉ではなくレッスンをとおして伝えていく作業でした。

板野は心の底から悔しかっただろうと思います。だけど彼女が偉いのは、私に厳しくあたられても、立ち位置が後ろになってしまっても、ステージに立ちつづける意思だけは失わなかったことです。だからこそあるとき、ふっと気づくことができたのです。

「いつの間にかみんなダンスがうまくなってきている！」

危機感が板野を変えたのでしょう。

悪いプライドはしだいに影をひそめ、振りの意味を考えたり、歌詞の意味に合わせて踊ることを覚えていきました。そうなれば、もとからダンスが好きな板野のこと。上達は早く、叱られつづけた経験もバネになって、みるみる成長していきました。

宝塚トップスターを生み出すのは「自覚」と「危機感」のふたつ

板野の話は悪い例として紹介してしまいましたが（板野ごめんね！）、彼女が人一倍ダンスに情熱と誇りを持っていたことは事実です。それはソロとなったいま、ブレずに自分のダンスを続けていることからもよくわかります。幼かった板野はプライドの持ち方を少し間違えて、回り道をしてしまっただけなのです。

――では、本来プライドとはどのようにあるべきなのか？

そのお手本となるのは、宝塚歌劇団のみなさんです。

数年前、真矢みきさんや樹里咲穂さん、真琴つばささんといった宝塚のトップスターの方々に振り付けをする機会がありました。

彼女たちが「夏まゆみ」をどれだけ知ってくれていたかはわかりませんが、プロフィールだけを見て「しょせんアイドルの振付師でしょ」と思われていたとしても不思議ではありません。

しかし内心はどうあれ、彼女たちは本当に素直に私の指導を受け入れてくれました。ダメだと言われれば反省し、できない自分に腹を立てて、私の前で〝素〟の自分をさらけ出すことも恐れずに、ものすごく熱心に練習をする。その姿は美しく、感動的ですらありました。

私は宝塚には詳しいわけではありませんが、そこでエースになることがどれだけ大変なことか――そのくらいはわかります。難関な入団試験に合格し、毎日毎日練習をしてやっとの思いでステージに立ち、さらにその精鋭のなかから選りすぐられた者だけがトップスターの称号を手にすることができる。その誇らしさは想像にあまりあるし、自分の地位や劇団の伝統にプライドを持つのは当然のことだと思います。

にもかかわらず、彼女たちが素直に私の指示や指摘にしたがってくれたのは、**背負うものが大きいからこそ、もっともっと成長しなければならないという「自覚」と「危機感」があったからでしょう**。

「成長する自覚」と「危機感」。

本当にすばらしいものを見せていただきました。

ファンに喜んでもらうため、後輩の手本となるため、そして自分自身がより美しく輝くために、どんどん新しいものを吸収しようとする——。その成長意欲もまたプライドの産物なのです。

よいプライドは自分を美しく、悪いプライドは自分を醜くする

ここまでお話ししてきたように、プライドには本人の成長を阻害する「悪いプライド」と、成長を後押しする「よいプライド」の両方があります。言うまでもなく、エ

ースになるためには「悪いプライド」は捨て去り、「よいプライド」を身につけなければなりません。

エースが持つべき「よいプライド」とは、自分を高みに置いて、それに責任を持つためのプライドです。

ですから、よいプライドを持つということは、「群れない」「ゼロになる」に続いて、自己を確立するための要素といえます。

宝塚の例でいえば、真矢みきさんたちはトップスターという高みに身を置き、トップスターとしての責任をまっとうするためにプライドをかけて努力する。それこそが「よいプライド」というものです。あるいは、まだトップスターになれていない人でも、その高みに挑む者としてプライドを持って努力を重ねているならば、それも同じように「よいプライド」といえます。

対する「悪いプライド」は、自己防衛のためのプライドです。

高みに目を向けず、自分よりレベルの低い層だけを見ていると、人は「私はできる」と錯覚して努力をしなくなります。そんな自分への言い訳として、他人よりほんの少しだけ優れているところにプライドを見出し、「私はできるから大丈夫」と考えるのは「悪いプライド」の典型です。

あなたのプライドがどちらに属するかは、自分の行動を振り返ってみればすぐにわかります。

□自分に対して批判的な意見にも耳を貸せるか。
□いまより成長するための努力をしているか。
□成長できなければ先はないという危機意識を持っているか。

ひとつでも「NO」がある方は要注意！

知らず知らずのうちに心が「悪いプライド」に支配されているかもしれません。

宝塚の元トップスターという地位にありながら、私の指導をすべて受け入れて本気でレッスンに取り組む真矢さんたちの姿を思い浮かべてみてください。

悪いプライドを捨て、無防備になったとき、人はどれだけ美しくなるかを想像してみてください。

「よいプライド」の美しさ、「悪いプライド」の醜さを知れば、きっと自分も美しく

変わりたいと思うはずです。

「好きなこと」をめざす人の前に、壁は現れない

アイドルや芸能人ではありませんが、数年前にすごい人と知り合いになりました。その方の思考や行動力はまさにエースと呼ぶにふさわしいものだと思いますので、ここで紹介したいと思います。

中井愛子さんという、私よりひとまわりほど若いその女性とは、鳥取にあるワールドウィングエンタープライズ（代表・小山裕史氏）という、リハビリをする人からプロのアスリートまでが利用するトレーニング施設で出会いました。そこはメジャーリーガーのイチロー選手や柔道金メダリストの野村忠宏選手など多くのアスリートが通う有名な施設で、私も長年のダンス生活で酷使した身体をメンテナンスするため定期

的に訪れています。

けれども中井愛子さん（通称・愛ちゃん）はスポーツ選手ではありません。彼女は八歳のときに事故にあい、全身麻痺の後遺症が残った人で、リハビリのためにそこへ通っているのです。

愛ちゃんはテレビで私を見知っていたらしく、たまたまトレーニングマシンで隣同士になったとき「夏先生!!」と声をかけてくれました。それがきっかけで顔を合わせるたびに話をするようになり、そのうちに「私は夏先生と一緒に、夏先生の振り付けで踊るのが夢なんです！」と言ってくれるようになりました。

正直に打ち明けると、私はその言葉をあまり本気に受け止めていませんでした。彼女は自力で立つことはおろか、思いどおりに手を握ったり足を動かしたりすることさえできず、車いすで移動するにも介助の手を必要としていたからです。

――だから半年後に再会したとき、私は自分の目を疑いました。

なんと愛ちゃんは自分一人の力で立ち上がり、一歩踏み出すことができたのです！

短い距離とはいえ、それは爆発的進歩といっていいものでした。

この進歩をもたらしたのは、彼女の「意志の強さ」にほかなりません。

愛ちゃんは「夏と一緒に踊る」という夢に本気で近づこうと、はかりしれない努力をしたのだと思います。途中でつらくなったり、面倒になったり、いやになったりもしただろうけど、その大変な思いを意志の力で乗り越えて、自力で歩けるまでになったのです。

そのひたむきさ、いま思い出すだけでも泣きそうになります。

もちろん全身麻痺という重い障害は突然よくなるものではなく、病状は一進一退、日によっては立てなくなってしまうこともあるようなのですが、それでも愛ちゃんはあきらめずにリハビリに励んでいます。

そして彼女はついに夢の一部をかなえます。「とにかく一度、夏先生のレッスンを見たい！」と、わざわざスタジオまで訪ねて来てくれたのです。

西宮から東京のスタジオまで訪ねてきてくれたその行動力には本当に驚きました。

その後、鳥取のトレーニング施設で再会したときに、ついに彼女は自分の足で立ち上がり、杖をつきながら、本当にゆっくりとではあるものの少しずつ歩きはじめました。

もちろんその施設のトレーニングとまわりの人たちの支えがあってこそなのですが、車いすにうずくまったままだった初対面のときには想像もできなかった快挙です。

「意志」が結果を導き出したのだ——。

彼女を見ていたら、そんな言葉が自然と頭に浮かびました。

彼女の強さとは、一進一退や一喜一憂をくり返しながら、それでも続けられる意志の強さです。

抱えるものは違えど、私たちも中井愛子さんのように試練を乗り越えていくためにはどうしたらいいのか。

思うに、彼女がこれほど意志を強く持てるのは、目先のハードルではなく、はるか先の夢を見据えているからだと思います。

「立てない」「歩けない」という壁を乗り越えようというのではなく、視線は壁のもっと先、「踊る！」というところに向いています。**いやなことではなく好きなことを目標にする、そこに気づいたからこそ、大きなエネルギーが生まれるし、壁なんて目に入らなくなる。**そして実際、壁なんてことさら意識しなくても、「踊りたい！」と思って頑張っているうちに、気づけば「立てない」「歩けない」の壁を越えていた。彼女が最初から「立つこと」「歩くこと」を目標にしていたら、短期間に劇的な回復を遂げることは困難だったかもしれません。

じつはこうした思考はエースの特徴ともいえます。

たとえばＡＫＢ48なら、センターに立つことだけを目標にしている子は、ささいな壁に突きあたっただけで意志がゆらいでしまいがちです。それに対し、ＡＫＢ48に入るのもセンターに立つのもすべて通過点、ゆくゆくはソロの歌手になりたい、大女優になりたいという夢を持っている子は、ちょっとやそっとじゃゆるがない。**追いかける夢の大きさが、そのまま意志の強さにつながるのです。**

そして意志の強さこそが、結果を生むのです。

「日本一」よりも「使命感」のほうがはるかに強い

個人的な夢を持つことは大変すばらしいことですが、それ以上に意志を強くし、自己を確立させるのが「使命感」です。**社会のため、誰かのために自分はこれを成し遂げるのだという使命感は「最上級のプライド」であり、どんな試練にも耐えられる力に変わります。**

とはいえ、若いうちから使命感を持てる人はほとんどいません。

もちろん私も駆け出しのダンサーだった二十代のころは「日本一のダンサーになるぞ！」と意気込むばかりで、他人や社会に目を向ける余裕はありませんでした。

しかし、それをわかったうえでなお、私はＡＫＢ48の前田やモーニング娘。の安倍には使命感を要求しました。**先にも触れましたが、センターに立つというのは想像を絶するほど大変なことであり、そのプレッシャーに打ち克つには使命感を持つしかな**

いからです。「目立ちたい」とか「売れたい」といった個人的な欲望だけでは、センターの重圧にはとても対抗しきれないのです。

だから私は、この二人がめげそうになったときは「君は選ばれた人間なんだよ」と言い聞かせていました。

センターに立てるのは選ばれた人間だけであり、だからこそ重圧に苦しむのも選ばれた人間だからこそなんだ――。

使命というと若い子には重すぎるので「選ばれた人間」という表現を使ったわけですが、彼女たちは期待どおり、センターとしての使命を徐々に自覚していきました。小さなことで悩むことが減り、選ばれた者としての覚悟が固まっていきました。

誰であってもプレッシャーとは日々向き合って生きていかなければなりません。それを「いやなもの」と捉えるか、選ばれた人間に課されたプレッシャーと捉えるかで、仕事もスポーツも人間関係においても、その内容は大きく変わるはずです。

前田や安倍が、センターの重圧に押しつぶされることなく責務をまっとうできたのは、欲望ではなく使命感に突き動かされていたからなのだと思います。

仕事が減ってでも「うるさい夏」になる理由

かくいう私自身も、いまでは使命感に支えられて生きている一人です。

私の使命とは、ダンサーと振付師の地位を向上させることであり、そのためにかれこれ一〇年以上あちこち奔走しています。

具体的に何をやっているかといえば、たとえばテレビ局に対して「振付師のクレジットを出してほしい」と交渉しています。作詞、作曲、編曲に並んで「振付：夏まゆみ」と入れてくださいとお願いしているのです。

いまの時代、アーティストのミュージックビデオにはダンスが欠かせないし、それが映像作品として販売されるのも当たり前になっています。ダンスの振り付けが楽曲の売り上げに貢献することも少なからずあると思います。

ならば、もっと振付師の権利を明確にしてほしい！

それが私の願いです。

同じ理由から印税契約にもトライしています。振付師のギャラはふつう「一曲いくら」で支払われますが、そのほんの一部でいいから、売り上げに応じた印税として支払ってほしいと交渉しているわけです。

こうした取り組みのおかげで、付き合いの長いレコード会社のなかにはやっとの思いで応じてくれるところもありますが、大多数は「それはカンベンしてくれ」「前例がない」という反応です。なぜダメなのかと問うても明確なアンサーをくれる会社はなく、要するに振付師の権利はあいまいにしておきたいというのが、現在の芸能音楽業界の本音なのでしょう。

そんなふうに私の活動は徒労に終わることが多く、しかも「夏はうるさいやつだ」と煙たがられることさえあるのですが、やめようと思ったことは一度もありません。

前例がないなら私が前例になればいいのです。

業界のルールは一〇年や二〇年では変わらないだろうし、クレジットのことも印税契約のことも、私が生きているうちに主流になることはないでしょう。

でも、私はそれでもかまわない。

実現するのが四〇年後、五〇年後だったとしても、そこへ続く道をつくっておけたらそれでいい。そんな一心で、現在もいろんな勉強をしたり、関係各所にはたらきかけたりしています。

はっきり申し上げて、自分の利益にはなりません。むしろ「うるさい夏」という評判のせいで仕事が減っているかもしれない。たくさんの人にいやな顔をされるストレスもあるし、ムダに終わるだろう交渉にも時間を割かねばなりません。

それでもやっていけるのは、日本でのダンス文化を確立し、次世代のダンサーや振付師のために道をつくっておくことが私の使命だと思っているからです。自分のお金や名声のためだったら、とてもここまでは頑張れない。

使命感とはそれほど大きな原動力となるのです。

絶好調のときこそ"耳が痛い人"の話を聞け

どんな会社でもいちばん怒られるのは新入社員のときで、経験が長くなったり役職がついたりすれば、注意される回数はだんだん少なくなっていくでしょう。それはミスが減ったからであると同時に、あなたを叱れる人がいなくなるからです。

芸能界はもっと極端で、たとえ本人が若かったとしても、売れっ子になってしまえば周囲の大人は厳しいことを言いにくい雰囲気になっていきます。

そうなると何が起きるかというと、本人が調子に乗る。まわりにチヤホヤされるのが当たり前と思って、だんだん傍若無人になっていくのです。

そのこと自体をとがめるつもりはありません。人はうまくいけば調子に乗るものだし、たとえいっとき天狗《てんぐ》になったとしても、人気に陰りがみえてきたり、本人が大人になったりすれば、いつかは必ずハッと気がつくからです。

とはいえ、ハッとする時期が早いにこしたことはないし、そもそもそんな状態に陥らないことが理想です。調子に乗りすぎたときにブレーキをかけてくれる人がいるにこしたことはありません。むしろ、そんな存在がいるかどうかが重要です。**ほとんどの人は、調子に乗っているときは〝耳が痛い人〟を遠ざけたがるものですが、本当はそういうときこそ叱ってくれる人を大切にすべきなのです。**

意外にも（!?）ＡＫＢ48の子たちはそのあたりをよくわかっています。

もう二、三年も前の話になりますが、ある医薬品のコマーシャル撮影でＡＫＢ48の大島優子、篠田麻里子、小嶋陽菜に振り付けをしました。そのときは、もう私がＡＫＢ48を離れて三年以上たっていたため、三人とは久しぶりの再会でした。

私が振り付けを担当していたころよりもはるかに売れっ子になった彼女たちは、予想どおり思いっきり調子に乗っていました。まわりから気を遣われることに慣れきって、お姫様みたいになっていました。

だから、三人が三人ともまじめに撮影に臨み、振り付けを一度も間違わずに踊りきったときは、監督を含め大人たちはみんなびっくりしていました。

あとから伝え聞いたところによると、三人の豹変《ひょうへん》に驚いたスタッフが「どうして今日はそんなにマジメにやったの？」とたずねたところ「夏先生が怖いからで〜す」という答えが返ってきたそうです。

それを聴いて、苦笑を返しつつも私はうれしかった。

「それでいいんだよ、上出来、上出来」とほめてあげたくなりました。

今日は甘いことややさしいことばかり言う大人がたくさんいたのに、三人は一番いやなことを言う私を見てくれた。

そんな三人を見て、どんなに調子に乗っても、そうやって厳しい声に耳を傾けられるうちは大丈夫だと、私は保護者のような気持ちで安心することができました。

「最後まで立たされる人」ほど成長する

これまでお話ししたようにエースの資格〈その1〉「自己を確立する」ためには次

の三つが有効です。

「群れない」

「ゼロになる」

「よいプライドを持つ」

一方で、安易なチームワークに頼ったり、悪いプライドで自己防衛に走ったりしてしまうと、どんどん自分本来の姿が消えていってしまいます。

人によってとくに差が出るのが「叱られたとき」です。

誰だって叱られるのはいやだと思います。でも本当は、叱ってもらえる人はすごくラッキーです。**叱られた人は、叱られなかった人よりもずっと多くの気づきを得て成長することができるからです。**

たとえば映画『私の優しくない先輩』（二〇一〇年、山本寛監督）に出演していた四〇人ほどのエキストラダンサーのうち、のちにテレビ出演を勝ち取ったのは、私にこってり絞られた〝落ちこぼれ〟たちでした。

『私の優しくない先輩』はちょっと〝面白い〟映画で、少々ネタばらしをしてしまうと、エンディングは出演者全員が主題歌にのせて軽快にダンスをするシーンで締めくくられます。そのために集められたのがおよそ四〇人のエキストラダンサーと、振付師・夏まゆみでした。

「バックダンサーは群れるばかりで、やる気のない人が多い」というようなことを前述しましたが、残念なことにこのときもまったく同じでした。

レッスン前の挨拶がない――。
台本も読んでいない――。
態度や表情がだらけている――。

そのたるんだ空気感はレッスンがはじまってからも変わらず、私がいくら「ワン・ツーって声を出しながら踊ってね！」と言っても、そのとおりにやってくれる人は半分もいませんでした。

そこで私は得意の作戦――「できた子から抜けさせて、できない子だけを残す」をやることにしました。

体育館にずらりと並んだ四〇人のエキストラダンサーに「いま、ちゃんとワン・ツーのかけ声を出していた人だけ座っていいよ」と言うと、三分の一くらいが座りました。そうしたら「残った人はもう一回、今度こそ声を出していくよ！」と言ってもう一度ワン・ツーをやらせ、声を出した人だけ座らせる。それを何度かくり返すうちに、最後は三人だけが残りました。

この三人は、本当にラッキーな三人だと思います。

なぜならここで私に叱られることで、本番まで緊張感を持ってやっていけるからです。「こわい夏先生」に顔が知れてしまったからにはまじめに踊るようになるだろうし、まじめに踊ればそのぶん必ず力がつくからです。

最初に座った一〇人も大丈夫でしょう。

言われたことをすぐに実行できる彼らは、私に叱られずとも自分で頑張ることができるタイプです。

心配なのは、途中でそそくさと座っていった人たちです。本人はバレていないつもりでしょうが、口のなかでコショコショとワン・ツーを言っただけで「そろそろいいか」と群れるようにして座った人も少なくありませんでした。

その点、最後まで残った三人はすばらしい！

うそをついたりごまかしたりせずに、正直であることを選んだのですから。

だから私は三人をまずほめました。その正直さをたたえ、ここで私に叱られたことを成長のきっかけにしてほしいと激励しました。

どんなに怒られるかとビクビクしていたところへ、思いがけずやさしい言葉をかけられた安堵《あんど》感もあったのでしょう。三人のうち一人は私の言葉を聴くなり泣きそうな顔になり、その場で声を震わせながらワン・ツーをはじめました。

私が振り付け指導の役目を終えて撮影現場を退去するときも、〝立たされ組〟は真っ先に見送りにきてくれた。泣きながら「ありがとうございます！」と言ってもらえて、思わず私ももらい泣きしてしまいました。

後日談となりますが、主演女優の川島海荷ちゃんが歌う主題歌がＣＤになり、それをひっさげて歌番組に出演することになったとき、あの〝立たされ組〟の面々からもバックダンサーに抜擢《ばってき》されたのです。

3

エースの努力

――「正しい努力」が「自信」を生む

私が「鬼コーチ」になって追い込む理由

二〇一一年、久しぶりにモーニング娘。のオーディション合宿に参加しました。一〇期オーディションを目的としたその合宿の模様は、テレビ東京系の『ハロプロ！TIME』で逐一放映されたので、ご覧になった方もいるかもしれません。

例によって私のスパルタぶりがきわだつ編集だったわけですが、とはいえ、このときは私も意識的に「鬼コーチ」を演じていました。合宿に参加した女の子たちを徹底的に追い込む必要があったからです。

モーニング娘。のような歴史の長いグループは、あとから入るメンバーほど苦労するようになっています。立ち上げ期のメンバーなら自分たちの曲さえできればいいのですが、一〇期生として加入した場合は、初代から現在までのすべての曲を覚えなければならないからです。

だからいまこのタイミングでモーニング娘。に入るというのは本当に大変なことなのですが、そこまでの覚悟をもって応募してくる子はまずいないし、採用する側も応募書類を見ただけでは彼女たちが本当に「頑張れる人」なのかはわかりません。そこで鬼コーチが登場し、彼女らをひたすら追い込んで、どれくらいの「底力」が出てくるかを試すというわけです。

底力そのものは、誰にでも備わっています。どんな人でもギリギリまで追い込まれれば必ず底力を出してきます。

ただ、このとき合宿審査に参加した一〇名はほとんどが小中学生であり、生まれてこのかた〝死にもの狂い〟で頑張った経験をしていません。**だから自分がどれほどの力を持っているか気づいていないし、その力をどうやって出せばいいのかも知りません。**

そんな子から底力を引き出すには、やはり限界まで追い込む必要がある。

鬼コーチにギリギリまで追い込まれて、何度も「もうムリだ」と思ったけれど、やってみたらムリじゃなかった、もっと力が出せた――。そうなったとき、彼女たちは初めて自分が持つ底力の大きさを知り、自信を持つことになるのです。

眠っている「底力くん」に会いに行きなさい

じつをいえば、自分の「底力」を知らないのは十代の子ばかりではありません。二十代、三十代の若手ビジネスマンはもちろんのこと、四十代以上の管理職レベルの人でも、自分がどこまで頑張れるのか、限界まで頑張ったときにどれくらいの力を出せるかを知っている人は、ほとんどいないのではないかと思います。

私は以前、こんなメッセージを送ったことがあります。

人間には、すごい底力が備わっています。
底力というとなんだか怖いイメージがするので、私は「くん」をつけて呼んでいます。
「底力くん」はみんなの中にいます。
「底力くん」は、つらいとき、大変なときしか出てきてくれないけれど、間違いなくみんなの中にいます。

だから、つらいとき、大変なときは「やった！　〝底力くん〟が出てくるぞ！」って捉えよう。

一番つらいときこそ「底力くん」に会って成長するチャンスなんだよ。

「底力くん」に会えた自分は、大きな自信がついて、もっと頑張れるようになるからね。

だからもっともっと、自分の「底力くん」に会いに行きなさい――。


二〇一三年一月、「ＡＫＢ48リクエストアワーセットリスト１００　２０１３」というイベントにゲスト出演した私は、ＡＫＢ48グループの上海拠点となるＳＨＮ48への移籍が決まっていた宮澤佐江を激励するために、こんな言葉を贈ったのです。

驚いたのはその反響の大きさです。

イベントの模様が放映された日以来、ブログへの書き込みやメール、事務所への手紙などで、たくさんの人が感想や相談を寄せてくれるようになりました。年齢も職業も状況もバラバラでしたが、その多くは、私の言葉で初めて「底力くん」の存在に気づいたという方々からのお便りでした。

「私にも『底力くん』は備わっていますか？」

「これから僕も『底力くん』に会いに行きます！」

そんなふうに多くの人が「底力くん」の存在に気づき、「底力くん」に会いに行くと言ってくれたのは、本当にうれしいことです。

けれどもそれは裏を返せば、彼らはそれまで「底力くん」を知らなかったということでもあります。

自分に底力があることを知らなければ、「どうせやってもムダだろう」とチャレンジする前からあきらめてしまったり、「いまでも十分頑張っている」と限界より前のレベルで満足してしまったりしがちです。**つまり、自分に自信が持てずに足踏みしてしまうのです**。それではエースとして輝くことはもちろん、自分の力を十分に発揮することはできません。

だから、まずは自分の「底力くん」を知ること！

そうすればあなたは現在よりもっともっと「本気の力」を出せる人になるのです。

一発勝負の本番で実力を出しきる秘訣とは?

「底力くん」に出会うことは、結果を残すことよりもはるかに大切です。

たとえば先述のモーニング娘。一〇期オーディションに参加した少女たち――。彼女らは合宿中にものすごい底力を見せてくれましたが、それでも本番で一〇〇%の力を発揮することはできませんでした。

この手のオーディションでは、プロデューサーが合宿の現場に足を運ぶことはほとんどありません。応募者たちは合宿のプロセスと成果をカメラの前で披露し、プロデューサーはそのVTRを見てジャッジします。つまり応募者にとっては最後のVTRの撮影がある種〝本番〟ということになります。

彼女たちのほとんどは、ここで失敗してしまいました。緊張のあまり歌詞が飛んだり、踊りを忘れて立ちつくしたりする子が続出し、最終オーディションが終わった段階で「悔いが残っている人はいるか？」と質問すると、十人全員が手を挙げました。

それでもかまわないと私は思います。

なぜなら彼女たちはこのオーディションでたくさんのことを勉強できたからです。

本番で十分に実力を出しきるためには、どれだけ練習しなければいけないのか。

それに対して、いかに自分の練習量は少ないのかということ。

そしてすべての辛苦に耐えるものとして、自分のなかにものすごい「底力くん」が眠っていること。

だけど、その「底力くん」は限界まで努力しなければ出てこないこと。

いちばん頑張らなければならない本番で悔いなく「実力」を出しきるために、いかに練習を「底力くん」で乗りきることが大切か。

それがわかっただけでも大収穫だと思います。

彼女たちにとって人生のゴールはオーディションではないし、この先も同じように試される場面はたくさんある。そんなとき、このダンス合宿で学んだことが必ず役に立ちますし、きっと悔いのないようこれまで以上に全力を出しきってくれることと思います。

ビジネスマンのみなさんであれば、こんなふうに考えてみてください。

大きなコンペに挑むべく必死で準備を進め、その過程で「底力くん」に出会うことができた。しかし最後のプレゼンがうまくいかず、受注には至らなかった——。

それはたしかに失敗ではあるけれど、その挑戦が無意味だったわけではありません。**限界まで頑張って底力を出せたことは自信につながるし、そこまでやっても失敗したのはなぜかと分析すれば、自分には何が足りないのか、これからどんな努力をすればいいのかも見えてきます。**

「自己を確立し、自信を持ち、前に向かって進む」

エースの第二条件は「自信」を持つことですが、これがなかなかできずに悩み、前に進めない人がたくさんいます。また、前に進めない人の多くが、なぜ前に進めないのかと悩んでいますが、その原因の多くが、この「自信」の欠如です。

そのことからもわかるように、「自信」はエースの資格の三要素のなかでも難しい要素といえます。**ただ、その難しさは「自信の持ち方」を知らないからであり、それを知ればあとは努力すれば確実に実力も自信もついてきます。**

本章ではその自信を身につけるための秘訣《ひけつ》を私なりにお伝えしたいと思います。「底力くん」に出会うことはその「自信」をもたらす最良の手段であり、これから自分がどうすればいいのか、努力の「方向」をも示唆してくれる有効な手段でもあるのです。

「見えない努力」ほど見返りは形になって表れる

「うちの会社のエースの○○さんは努力家というより天才肌だな」
「あの人はそんなに頑張っているようには見えないけど、なんでもできていいよね」
「環境に恵まれているんだわ」

そんな言葉を耳にすることがあります。結果を出している人、能力のある人を指して、その「才能」をほめると同時に、自分とは違う「特別な存在」と認識するのです。

しかし、もちろんある程度の才能を持った人もなかにはいるでしょうが、努力なしに輝く才能などありえません。そもそも私が出会った「できる人」のほとんどは努力によって結果を生み出した人ばかりです。

ただその事実に反して、その人たちが周囲からそのようなイメージで見られるということもまた、共通しています。

なぜこういうことが起きるのか？

その答えは、エースの多くが、自分が努力していることを「ことさらにアピールしない」からです。

その好例が元モーニング娘。の後藤真希です。

彼女はわずか一三歳で加入したそのときから、すでにエースの風格を備えていました。いまにして思えば、それは後藤が大変な努力家でありながら、周囲にそれを語らなかったからこそだとわかります。

たとえば彼女が初舞台をふむ直前、こんなことがありました。

第三期メンバーとして加入した後藤は、直前に迫った公演に向けて毎夜遅くまで必死で練習していました。しかし、いかんせん覚えることが多すぎる。その日は結局、振りが完成しないまま帰宅することになりました。

ところが翌日になってレッスンを再開すると、後藤はちゃんと踊れるようになっています。それはつまり、前日ヘトヘトになるまで踊った後、自宅でさらに自主練習してきたということです。

それでいて本人は「私はすごく頑張りました！」などということはいっさい言いません。人が見ていないところで努力をして、言葉ではなく成果としてそれを示しました。

――成功する人に、この「不言実行」という要素は間違いなく不可欠です。

そんな粋なまねができる後藤は、一三歳とは思えないほどカッコよくて、周囲の評価はさらに高まりました。

このように独りで黙々と努力をすることは、周囲に好印象を与えるだけではなく、「底力くん」をコントロールすることにもつながります。

前述のとおり「底力くん」は誰にでも備わっているけれど、自在にそれを操れる人はなかなかいません。自分で自分を限界ギリギリの状態まで追い込んで初めて「底力くん」を出すことができるからです。

ひそかに努力をしてよい結果だけを見せようと思えば、自分で「底力くん」に会いに行くしかありません。きっと後藤も疲れた身体に鞭《むち》を打ち、自分で自分を追い込んで「底力くん」を引き出したのでしょう。

これは自分で自分の「努力」をコントロールする力であり、自己を確立した人でなければ簡単にはできません。先ほど紹介した中井愛子さんのように、自分の「やるぞ！」という目標や固い意志がないとできないからです。

エースと呼ばれる人の多くは、彼女のように陰で努力を積んでいます。涼しい顔でやってのけているように見えても、どこかで必ず努力をしています。努力なくしてエースになった人なんて、私は一人も知りません。

陰でも努力できる人になる――。

ぜひそれを胸に抱いてほしいと思います。陰で頑張ることは決して楽なことではありませんが、それで得られるものは想像以上に「大きい」はずです。

たった一度夢を語れば、自分の「本心」が見えてくる

自分がどれだけ頑張っているかを声高らかに喧伝《けんでん》する必要はありませんが、それが「夢」のこととなれば話は別です。**「私はこうなりたい」という夢や目標は、むしろ積極的に口に出して「有言実行」にすべきです。**

私がアイドルの卵たちを指導するときも、各人が何をしたいのか、将来どうなりたいのかを、なるべく本人の口から言わせるようにしています。夢をはっきりと口に出した瞬間から、その言葉は現実を引き寄せる力を持ちはじめるし、本人もまた自分の口から出た言葉に対して責任を持つようになるからです。

たとえば元ＡＫＢ48の板野はかなり早い段階からソロデビューを視野に入れ、「将来はＢＯＡちゃんみたいに、バックにダンサーを背負って自分はセンターに立つ人になりたい！」と公言していました。そしてその言葉どおり、彼女はソロ歌手になりました。**自分の言葉に責任を持ち、夢に向かって努力を重ねたことが現実を引き寄せたのです**。

私自身も、夢を公言して実現させた経験を持っています。

あれはモーニング娘。関連の仕事がひと段落した時期のことです。

そろそろ何か新しいことに挑戦したいな――。

そんなことを話していたら振付師の仕事として映画の話が舞い込んできました。そのときにカット割りなど映画制作に対しての思いを口にしていたら「じゃあ撮ってみる？」とお声がかかり、今度は映画監督の仕事が舞い込んできたのです。

それが二〇〇五年公開の『ｆｅｍａｌｅ／フィーメール』です。これは五本の短編作品からなるオムニバス映画で、私はオープニングやエンディング、そしてその間に数分間挿入されるダンス映像の振り付けと監督を任されることになりました。こんなお仕事、自分から「やってみたい！」とアピールしていなければ絶対に実現しなかったことでしょう。

「私の夢は、人に話すほどのものではないから……」

そんなふうに思っている方にこそ、一度「夢の有言実行」をしてみることをおすすめします。**なぜなら夢を公言することは、自分の「本心」を試すことでもあるからです**。人前で「私は○○になりたい！」と口に出してみて、言ったとたんに「私って本当に○○になりたいの？」と迷いや違和感が生じたら、あなたがさほどその夢にこだわっていないということです。**逆に「言ったからには実現するぞ！」という気持ちがわいてきたら、あなたの夢は本物といえます**。

自分の夢に確信を持てないときこそ、リトマス試験紙として「有言実行」をためしてみてはいかがでしょう。そのうえで、第1章で紹介したとおりに「夢への階段」を描いてみれば、次に進むべきステップはより明確になるはずです。

「有言」と「不言」を上手に使い分けなさい

「有言実行」と「不言実行」のどちらを採用すべきかは、そのときどきの状況や本人の性格によって異なります。

一般的には、大きなチャンスを呼び寄せたいとき、自分を追い込みたいとき、自分の気持ちをたしかめたいときは、どんどん夢を口に出すといい。するとすこしずつ状況が変わってくるので、今度はその状況を見ながら「有言実行」を継続すべきかどうかを判断します。

具体的には、「応援するよ」「今度新しいプロジェクトに推薦しようか」と好意的に受け止められているようなら発言を継続し、「生意気だ」と逆風が吹いてきたなら「不言実行」へと作戦を切り替えるのです。

ただし性格的に「有言実行」が合わない人もいます。

ＡＫＢ48時代の前田敦子がまさにそうで、彼女は少なくとも私の前では一度も夢を語らず、徹頭徹尾「不言実行」を貫きました。じつはそうやって自分の夢を「秘めたる闘志」に変えることができたからこそ、前田はセンターの孤独と重圧に耐えることができました。

不言実行のもと陰で努力した意志と努力の積み重ねは、積もれば積もるほど大きな「自信」へと姿を変えて自分のなかに残ります。重ねた努力は必ずパフォーマンスや結果に表れ、それを評価してくれる人も必ずいます。

そして「自分は努力できる」という内側からの自信と、外側（周囲）からの自信、両方を得ることができるのです。

自信を身につけた人の努力はさらに深いものとなり、自信を身につけた人のパフォーマンスはさらに高い質や量を見せてくれます。そうしてまた自信が生まれるという理想的な循環が生まれるのです。

「自己を確立し、自信を持ち、前に向かって進む――」

そうお話ししたように、エースとなる人は自分なりの自信を持っています。その自信をつけるための方法が、この有言実行と不言実行なのです。

欠点を認めなければ「正しい努力」は生まれない

「自分の長所や短所はなんですか?」

そう聞かれたらあなたは即答できるでしょうか。

あらためて質問されると考え込んでしまう人も多いのではないかと思います。

ありきたりな質問のようですが、これを意識するかどうかで、有言実行・不言実行で行う努力がちゃんと自信につながるかどうかが大きく決まる。そう言っても過言ではないほど、これは大事な質問です。

なぜなら努力には「正しい努力」と「間違った努力」があるからです。有言・不言を問わず、どんなに努力を重ねても、努力のやり方を間違えてしまうと、効率は大きく変わってしまいます。せっかく自信を身につけようと思って「底力くん」に会うための努力を重ねても、なかなか「底力くん」に出会えません。だから「正しい努力」

を知ることが結果を出すためには大切です。

「正しい努力」をするための第一歩は自分を知ることです。自分の強みや弱みがわからなければ、これから力を注ぐべき方向を探ることはできないからです。

ところがほとんどの人は、忙しい、面倒くさい、必要ない、などと理由をつけて、自分を知るための工程をおろそかにしてしまいます。だから見当違いの方向で努力することになり、結果として貴重な時間を浪費してしまいます。それだけならばまだしも、努力に合った結果が得られず自信を失うことにもなりかねません。すると次の努力にも足が向かなくなってしまいます。

努力しているのに結果が出ない人は努力の方向を間違えている可能性が高いので、これから「正しい努力」へと舵《かじ》を切っていくためにも、まずは自分の長所と短所を見つめ直す必要があります。

この場合、より難しいのは短所と向き合うこと。ほとんどの人は自分の弱点から目をそむけたいと思うからです。

たとえば私が講師を務めるダンススクールは壁一面が鏡になっているのですが、初心者のなかにはそれを恥ずかしがる人もいます。スタイルに自信がないから、鏡に映る自分の姿を見たくないというのです。

たしかにポッテリとしたお腹をゆらして踊る自分なんて美しくない。ダブダブのウェアで体形を隠すなど、鏡から離れた場所に陣取りたくなる気持ちもわかります。

だけど本当は、そんな短所のある人こそ鏡を見てほしい。

鏡を見てお腹が出ている、恥ずかしいと思ったら、誰でも反射的にお腹を引っ込めます。猫背になっていてみっともないと感じたら、すっと姿勢を伸ばす。鏡を見る前と後とでは、後のほうが確実に美しくなります。

このように、短所を認め、それを克服したいと意識しはじめた瞬間から、人は前向きな「正しい努力」をはじめます。自分の欠点を直視するのは苦しいけれど、それに見合っただけのエネルギーは必ず得られるのです。

注意してほしいのは、自分のどこがよくてどこが悪いのか、他人に答えを求めないことです。参考程度に聞くならいいのですが、自分で自分の弱さと向き合う努力を放棄してはいけません。

私もアイドルの教育係だったころは、よく「私には何が足りないのでしょうか?」

といった質問や相談を受けました。その際に、答えではなくヒントを与えるにとどめ、極力自分で考えさせるようにしていました。鏡に映ったお腹を見てハッとするように、自力で弱点に気づいたほうが、克服しようというパワーが強くなるからです。

その意味でも「群れない人」はすばらしい。

群れない人は、他人の意見で自分を規定することもなければ、他人に合わせて努力をすることもありません。「あの人がこう言ったからこうしよう」「みんなこのやり方だから私もそうしよう」と流されないから、「一〇〇%自分のため」の努力ができます。だから努力の方向を間違えずにすむのです。

スキルを磨けば、内面も一緒に磨かれる

長所・短所には、スキル的なものと性格的なものがあります。たとえばダンスが下手なのはスキル的な短所であり、ダンスに不熱心なのは性格的な短所です。

このうち、まず着手すべきはスキル的な短所の克服です。ダンスが下手、英語が話せない、事務作業が遅い……等々、スキル的な問題はどれも練習すればしただけ上達するのだから、話は簡単です。

少し前に観たテレビ番組でも、スピーチが下手な社長さんが、専門のインストラクターの指導を受けながら苦手を克服するという企画をやっていました。

その社長さんがスピーチを苦手としているのは、口下手だからなのか、恥ずかしがり屋だからなのか、あがり症だからなのか、理由はわからないものの、インストラクターはあくまでもスピーチをスキル的なものとして捉え、そのための努力を促しました。「もっとゆっくりしゃべる」「挨拶のときはカンペを見ないで出席者の顔を眺める」などテクニカルな指導を徹底していました。

結果はといえば、社長さんは見違えるほどスピーチが上手になりました。出席者全員の顔を見わたしながら堂々と挨拶をし、会議の目的を簡潔に述べ、まさに社長の肩書にふさわしいスピーチを披露してくれました。

特筆すべきは、成長したのはスピーチ力だけではなかったということです。

早口で聞きとれなかったかつてのスピーチとは違い、ゆっくりとしゃべるようにしたら、みんながちゃんと話を聴いてくれるようになった。カンペではなく人の顔を見ながら話すようにしたところ、聴き手の反応がわかるようになった。それまで苦しめられていたスピーチを克服できたことで自信もついた――。

そんなさまざまな要因からでしょうか。社長の物腰には余裕と貫禄《かんろく》が生まれ、表情は明るくなり、従業員への接し方も変わったように思えました。**スキルの向上が自信を生み、内面にも影響を与えていたのです**。

このようにスキル的な短所の克服は比較的簡単な努力ででき、しかもスキルが高まれば内面も磨かれます。まずはこちらに着手すべきだと申し上げたのは、そういう理由からです。

短所は「消す」のではなく、「出し入れ」できるようにする

できなかったことをできるようにする――スキル的な短所はゴールが明快ですが、

性格的な短所は少し性質が異なります。

性格的な短所を克服するということは、短所を消すことではありません。性格的な短所は長所と表裏一体であり、時と場合によっては短所が長所に、長所が短所になることがあるからです。

たとえば私はかなりの泣き虫で、本心を語っているとすぐに涙が出てしまいます。それはいい大人としては情けないし、恥ずかしいことなのだけど、一生懸命に気持ちを伝えようとして涙がこぼれてしまったときなどは、言葉で話す以上にわかってもらえることがあります。

そんなふうに、ほとんどの性格的短所は状況さえ変われば長所になりうるポテンシャルを秘めています。**だから私たちは短所を消してしまうのではなく、その性質をタイミングよく出したり引っ込めたりできるようになればいいのです**。

元AKB48の秋元才加は、自分の短所をうまく長所に転換できた子でした。

彼女の短所は不器用で融通がきかないことです。そのせいで損をしたり、変なやつだと思われたり、つらい目にあったりしたことも多々あるようでしたが、そのまっすぐさは彼女の愛すべき美点でもありました。

秋元はそれをよく自覚していて、不器用から器用をめざすのではなく、不器用をチャームポイントに変えようと考えました。「不器用まっすぐ」というブログのタイトルも、彼女がおのれの不器用さを単なる短所ではなく、長所にもなりうる性質だと言い表しているかのようです。


このように自分の短所と向き合い、前向きに受け入れていくのはとても大切なことです。


ただし、それが〝開き直り〟や〝言い訳〟になってしまってはいけません。

秋元の例で説明すると、彼女は考えごとをしていると周囲が見えなくなってしまうところがあって、あるとき私とすれ違っても挨拶《あいさつ》をせず、目も合わせないで通り過ぎていくということがありました。

もちろん本人に悪気はないのでしょうが、私は教育係として「秋元、さっきシカトしただろ～」と軽く注意しておきました。そうしたら、マネジャーが横から「すみません、コイツ不器用なもので……」とフォローを入れてきたのです。

これはよろしくない。

せっかく彼女の不器用が長所に格上げされつつあるのに、それを言い訳にしてしまったら、すべて台無しになってしまうからです。

短所を自覚してそれを受け入れることと、「私はこうだからしかたがない」と開き直ることはまったく異なります。秋元は賢いのですぐに理解してくれましたが、もしも彼女が不器用を盾に自分の不注意を正当化しようとしていたなら、その短所はどこまでいっても短所のままで、彼女のキャリアに影を落とすことになったのではないか、私はそう思います。

「なにくそ精神」でガッツポーズ！

私自身のキャリアを振り返っても、つらいことはたくさんありました。

劇団で先輩にいじめられたとき——。

吉本印天然素材のメンバーをまとめられなかったとき――。

さらには自分が映画監督として映画を撮ったときのこと――。

なんと助監督が陰でもう一本のフィルムをつくっていて、私が苦労して編集した上映用のフィルムとは別のものを用意して、プロデューサーに「こっちのフィルムを見てください」と取り入ったのです。

その事実を知ったときも含め、何度トイレに駆け込んで悔し涙を流したかわかりません。そんなとき、いつも私を支えてくれたのは〝なにくそ精神〟です。

「この人は私にこんな行動をとっているけど、きっといまに見ていろよ！」

私はそんなふうに自分を奮い立たせ、数々の試練を乗り越えてきました。弱虫になりそうなときは「なにくそ、こんな仕打ちに負けるものか！」と言い聞かせ、情熱の焔《ほのお》を絶やさないようにしていました。

念のため申し添えておくと、**この〝なにくそ精神〟は相手に仕返しをしてやろうという感情ではありません。私はどんな理不尽な仕打ちを受けても、原因はあくまで自分にあると考えるようにしています。**

「この人が私にこんな行動をとるのは、私が力不足で無名なのが原因だ。だからこの人が『うわっ！』と驚くほど実力をつけて、有名になってやるっ！」

これが私の〝なにくそ精神〟のあり方です。私はこの考え方で悔しさを情熱に変え、夢を追うための根性と忍耐を培ってきました。

一九九八年のNHK紅白歌合戦でハーフタイムショーのステージングに携わったときのことです。ショー全体をつくっていたのは南流石《さすが》さんという今では交流のある振付師で、私はいくつかある出し物のうち、自分で振付指揮をとった冬季長野オリンピックのテーマソング「WAになっておどろう」のパートのステージングを任せられました。

ところがNHKのディレクターは私のことを信用していなかったのか、ことあるごとに「南さんに確認して」「南さんに見ていただいて」と言ってくる。当時すでにプロの振付師としてそれなりに経験を積んでいた私にとって、彼の指示は屈辱的ともいえるものでした。

その悔しさをまぎらわせてくれたのが〝なにくそ精神〟です。表面では「はい」と素直に従いながらも、心中では「もっともっと成長して、いつかこのディレクターに私の実力を認めさせてやる！」と自分をたきつけていました。

――その〝いつか〟は思いのほか早くやってきました。

翌年九月に発売された「ＬＯＶＥマシーン」が曲・ダンスともに大ブームとなり、次の年の紅白歌合戦オープニングで出演者全員が「ＬＯＶＥマシーン」を踊ることになったのです。

その振り付けのためにＮＨＫを訪れた私は、二年ぶりに例のディレクターと再会しました。彼は少し気まずそうにしながらも、今度こそ私をプロの振付師として手厚く遇してくれました。

「それにしても売れたねえ……」

腹の底から絞り出すようなその声を聞いて、私は心のなかで「よしっ」とガッツポーズをとったのでした。

「過去のもの」にする作業は、意外と大切

若いうちは何事も「底力くん」と「なにくそ精神」で乗り越えてきた私ですが、歳を重ねるにつれて苦しみとの向き合い方は少しずつ変わり、五〇歳を過ぎたいまでは次のような生き方にたどりつきました。

――苦しみを過去にして、現状を受け入れて、夢の実現を思い描く。

いまの私は、何か苦しいことがあっても即座にそれを「過去のもの」にしてしまうことで、負の感情を引きずることがなくなりました。以前に比べ、現状をありのままに受け入れ、前だけを見て歩んでいくことができるようになったのです。

苦しみを過去にするコツは「いまが一番つらいとき」「明日はきっと晴れるから」と考えることです。そうすれば、いつまでもクヨクヨしてはいられないという気持ちになって、時間の助けを借りずとも立ち直れるようになります。

私がこの境地に到達できたのは、五〇年間生きてみて、苦しみは必ずプラスになることがわかったからです。

たとえば吉本印天然素材の問題児たちは、私に指導者とはどうあるべきかを教えてくれました。そのほかにも人の悪意や嫉妬心にさらされたことで、精神的にひとまわり成長することもできました。

現在進行中の苦しみだって例外ではありません。

カッコ悪いのであまり言いたくないのですが、いまの私の悩みは主に肉体的な問題で、頚椎ヘルニアや腰椎分離すべり症など身体のあちこちに爆弾を抱えています。

担当の医師からは「夏さんがサッカー選手ならボールは蹴《け》るなと言うね」と遠回しにダンスをやめろと言われていますが、私は少しでも長く踊りたい。だから二年ほど前にはダンスプロデューサーとして初めて休養をとり、二～三か月のあいだ治療やリハビリに専念していたのですが、それでも身体はほとんどよくなりませんでした。

何よりもダンスを愛する私にとって、身体を思うように動かせないこと、やがて踊れなくなるかもしれないことは、とてつもない苦しみです。

けれども私はいつまでもそのことで思い悩んだりはせず、その現実を淡々と受け入れました。身体が治らないのならしかたがない。あちこち痛いけど、踊れなくなるまで踊りつづけよう――それが私の出した結論です。

努力をするのはラクではありませんし、目の前の「階段」を上るのはつらくて苦しい作業です。しかしそのつらさは夢や目標をかなえるためのつらさであり、その苦しさから逃げては夢や目標をかなえることはできません。**だから苦しみとの向き合い方を身につけることも「正しい努力」のひとつの要素なのです。**

この苦しい経験も、いつかどこかできっと役に立つ――。

そう信じて私は、いつまでも踊りつづけるつもりです。

つらいときの合言葉は「また成長しなきゃいけないのか！」

話をしていて「この人は心が豊かですてきだな」と思う人は、その多くが若いころに苦労をされています。**苦労の末にエースになった人ほど輝きを放っているのは、身のまわりにある「小さな喜び」を見つけだすのが上手だからだと思います。**

苦しみの渦中にいるとき、ほとんどの人は自分がどれだけつらいかということばかり考えてしまいがちです。しかしエースになる人は、苦難のなかにも喜びや希望を見出すことができる。だから明るさを失わず、自信を持って夢に向かって前進できるのです。

私が教え子を励ますときに「君は選ばれた人なんだ」と言うのも、苦しみのなかに隠れている、もしくはその先にある喜びに目を向けてほしいからです。

君がいま直面している困難は、選ばれた人にだけ訪れるものなんだ。苦しいとは思うけど、選ばれなかった人には味わえない苦しみなのだから、本当なら「やった、ラッキーだ」と思ってもいいくらいなんだぞ——。

そうやって明るい方向へ思考を持っていくのが私の指導術です。

私自身は何かつらいことが起きたら「また成長しなきゃいけないのか！」と考える

ています。

ようにしています。心のなかで思うだけではなく、なるべく人前で口に出すようにしています。

先日あるクライアントから無理難題をふっかけられたときも、マネジャーに向かって**「また成長期がきたよ。これ以上成長したら神になっちゃうよ〜！」**と、ものすごくポジティブに愚痴をこぼしてみました。

こんなふうに前向きな言葉を口にすると気持ちが明るくなるし、有言実行の効果で「言ったからには本当に乗り越えて成長しなければ……」という責任感も芽生え、いやがおうでも頑張るようになります。

そしてそれを乗り越えた成功体験が自分に自信というプレゼントをくれる。

つらいことが起きたとき反射的に「いやだな〜」とこぼしてしまうタイプの人は、ぜひこのやり方をまねしてほしい。最初はただの強がりでも、言いつづけていれば自然と心もついてきて、心が軽くなり、結果、ゆるぎない自信へと生まれ変わるのです。

「自信」と「危機感」のバランス感覚を研ぎ澄ませ

自信とプライドはよく似ていて、どちらも肥大しすぎると本人の成長を阻害するようになっていきます。

それに歯止めをかけるのは「危機感」です。危機感さえ持っていれば、どんなに自信がついても、どんなにプライドが高くなっても、道を誤ることはありません。私も指導者として、自信と危機感、プライドと危機感はセットで植えつけるように心がけています。

ただ、危機感はつねに意識していないとだんだん薄れてしまうのが難しいところです。

たとえばモーニング娘。でセンターに立っていたころの安倍なつみは、エースとしての自信と、後輩に追われる者としての危機感をバランスよく持ち合わせていました。

ところが二〇一一年にモーニング娘。のOGユニットであるドリームモーニング娘。（ドリムス。）が結成され、その振り付けをするため数年ぶりに再会したとき、安倍のバランスはすっかり崩れていました。ソロ活動が増えたりミュージカルに出たりして自信を深めた一方、危機感のほうはすっかり抜け落ちていたのです。

それでいて「ドリムス。でも自分がセンターに立つのが当然」といった顔ですましているものだから、私はかなり強く彼女を叱りました。

「安倍さん。申し訳ないけど、いまの君はソロではなくドリムス。の一員なんだよ。モーニング娘。とは違って、ドリムス。の十人はそれぞれソロでやっている人の集まりなんだよ。たしかに君はOGのなかではたくさん仕事をしているけれど、だからといってセンターで当たり前なんて思っていたら大間違い。センターに立つっていうのがどういうことか、君はもう忘れてしまったのっ！」

安倍はすぐにハッと気づいてくれましたが、このできごとは危機感を持ちつづけることの難しさを如実に物語っています。かつて後藤真希の登場に脅威をおぼえ、人一倍の危機感を持っていた安倍でさえ、ちょっとぬるま湯につかればその焦燥を忘れて、自信が「悪いプライド」になりかけてしまうのですから……。

でも、だからこそ危機感を持ちつづけられる人はすばらしく、差がつきやすいポイントでもあります。

エースになることそのものもたしかにすばらしいことですが、エースになるだけではなく、長くエースとして輝きつづける――。

自分のよさを出しつづける――。

エースの条件〈その2〉である「自信」を育む努力も大切ですが、危機感を持つ努力も忘れないでほしいと思います。

運は、正しい努力の先に降りてくる

世の中には自分が報われないのを運のせいにする人がいるようですが、私は「運が

いい人、悪い人」というのはいないと考えています。

たとえばサッカーの試合で、たまたまA選手がフリーのときに目の前にボールが転がってきた。シュートコースも空いていて、ボールを蹴ったらあっさりとゴールが決まった。たしかに幸運なできごとですが、それはA選手が「運がいい人」だから起きたわけではありません。

私が振り付けをするときも、思いがけない幸運に出くわすことはしばしばあります。たとえば「LOVEマシーン」の振りを考えていたとき、いろいろ試行錯誤してフォーメーションを動かしていたら次に歌うメンバーがたまたま前列にきていたり、サビのところではからずも安倍がセンターに戻ってきたり、「よしよし」と言いたくなる偶然が重なりました。でも、これも私が「運がいい人」だからではありません。

なぜなら運というのは、努力した人のところにだけ訪れるものだからです。たまたまゴールのチャンスに恵まれたサッカー選手も、偶然バッチリな振りができた私も、「運がいい人」ではなく「努力した人」だったのです。

ただし、エースは自分の努力を声高々とアピールすることはありません。その代わりに「運がよかっただけですよ」などと言ったりする。そのせいで「運がよければエースになれるのか」と誤解する人がいるのですが、彼らの言葉はある種の照れ隠しであって、本当はものすごく努力をして、その結果として運をつかんでいるのです。

運はあくまでも努力の先に降りてくるものであり、おまじないなどで楽をして引き寄せられるものではありません。少なくとも私のまわりでは、運だけでのし上がったような人は一人もいません。

反対に「正しい努力」を続けた先には自信や実力だけではなく、運もついてきます。

エースに必要なのは、運に頼ることではなく自分の努力を信じること――。

そうやって努力を重ねて自信を持って取り組んでいけば、いつの日か必ず幸運にめぐりあえるのです。

4

エースの習慣

――「前進」するための生き方

「選択のクセ」はなぜ、これほど重要なのか？

私は芸能界でダンスの指導や振り付けをする傍ら、一般向けのダンススクールでも講師をしています。いままで踊ったことがないような人にもダンスの魅力を知ってほしいという思いから続けていることなので、技術を磨くというよりも、楽しんでダンスをすることに重きをおいた初心者向けのクラスになっています。

けれどもそんなクラスも何年か続けていると、だんだんと雰囲気が変わってきます。古株の生徒さんがなにかにつけて幅をきかせるようになり、古い人と新しい人とで派閥のようなものができてしまうのです。

そうなると、せっかくダンスを純粋に楽しもうと思って通っている人が、ダンスとは全然関係のないところで気を遣ったり、人間関係におびえなければならなくなってしまいます。私はそれがいやだったので、古参組のなかでもとくに問題行動が目立った三人の生徒さんにそれとなく注意をうながしました。

後日、そのうちの一人から手紙が届きました。

そこには過去の行いに対する反省と、これからは心を入れ替えて頑張りたいという旨が書かれていて、私は自分の真意が伝わったことをとてもうれしく思いました。

ところが、スタジオがはじまっていつもの仲間と合流するや、彼女は手紙の決意を瞬時に忘れ、以前と変わらぬ〝古株軍団〟に逆戻りしてしまいました。**「個」でいるときは自分の間違いに気づき、正しい選択をしようとしていたのに、群れたとたんに〝元《もと》の木阿弥《もくあみ》〟になってしまったのです。**

残念ながらこの時点では、彼女にエースの資格は身についていなかったのでしょう。しかし、それは彼女にエースの資格がまったく備わっていないわけでも、彼女が悪いわけでもありません。ただ、エースになる人の習慣を知らなかったことが、彼女の成長を「足止め」させてしまったのです。

とくに何かに直面した際に、前向きな選択をするクセがあるかどうか――それが成長するために必要な最後の要素です。

なかなか成長できない人は、つい「現状維持」を無意識的に選択するクセのある人ともいえます。ちょっとした習慣の差ではありますが、これが積み重なって大きな成長の差が生まれます。本章では、いつまでも前を向いて進む人の、「ちょっとした習慣の違い」をお話しします。

一流の人ほど休憩時間の使い方が一級品

近年は多くの企業が残業の削減に取り組むようになり、時間外まで働くのはよろしくないという考え方が主流になりつつあります。それは就労環境の改善という観点からは歓迎すべきことなのでしょうが、**しかし、「与えられた時間内だけ頑張ればそれでいい」「就業時間を超えて働くなんてバカらしい」という考えは、少し違うのではないかと思っています。**

もしも私が会社員で、その会社でやりたい夢や目標があったとしたら、仕事の書類を家に持ち帰るだろうし、休日も進んで資格の勉強などをするでしょう。

時間外だから働かないという発想は、少なくとも芸能界でエースと呼ばれる人にはまったくありません。たとえその日のレッスンが終わったとしても、足りないと思えば自主的に練習するのが当たり前です。そうしなければ追いつけない、生き残れない世界だからです。

自己研鑽《けんさん》に余念がないのは、成長途上の若手だけではありません。**たとえば郷ひろみさんは私が知る芸能人のなかでもトップクラスの努力家で、つねに自分磨きにいそしんでいます。**一四年ほど前になりますが、彼の振り付けをしたときも、郷さんにとってはそれほど難しくない曲だったにもかかわらず、非常に熱心に練習していました。

驚いたのは、レッスンがひと段落して休憩に入りましょうということになっても、郷さんは少しも休もうとせずに黙々とエクササイズをはじめたことです。年齢を感じさせないあの美しいボディラインは、少しの時間も無駄にしない努力によって保たれているのだなあと、私はとても感心させられました。

むろん休憩時間をすべて犠牲にせよと言いたいわけではありませんし、休憩時間を削って研鑽するのがいいかというと、それも違います。そのようなことをしていたら身体をこわすのは目に見えているし、集中力だって続くわけがありません。

そうではなく、十分な休憩をとった後の時間の使い方や行動が違うのです。つまり「惰性の休憩時間」は決して過ごさないということ。人はえてしてダラダラと楽をして過ごしてしまうものです。しかし、それは休憩の時間ではあっても「本来の休息」ではありません。むしろ夢や目標のある人であればその時間を「前進する時間」に使ったほうが、気持ちは新たにリフレッシュし、活力も生まれます。

大事なのは、与えられた時間をただ過ごすのではなく、与えられた時間の枠を意識し、コントロールする習慣を身につけることです。

一時間の休憩が与えられたとして、何も考えずに一時間まるまる休んでしまうのではなく、自分は本当に一時間も休憩する時間が必要なのか考えてみる。そんなに休まなくても大丈夫とか、一時間も休んだらかえってペースが乱れてしまうと思ったなら、必要な時間だけを休憩にあて、あとは自主的に練習や勉強をする。エースたちはほぼ例外なく、そうやって限りある時間を上手に使っています。

「わが振り直せ」より「わが振り学べ」の精神を持て

振付師として人を指導するとき、「仲間とダンスを見せ合ってお互いに感想を言う」という課題を出すことがあります。ただ感想を述べなさい、だと「すごくよかったです」といった無難なコメントしか出ないので、ほめるだけの発言は禁止にして、悪いと思ったところやアドバイス的なことだけを発言させるようにしています。

なんのためにそんなことをさせるかというと、他者をよく観察して、いいところは見習い、悪いところは直していく――**いわゆる「人の振り見てわが振り直せ」の習慣をつけさせるためです**。

ただ、「わが振り『直せ』」という言葉はちょっと偉そうな感じがして好きではありません。人を否定するのではなく、自分なりに仲間の振るまいを観察し、いいところは採用し、悪いところは自分自身を振り返って見つめ直す、ということです。ですので、私は先の言葉を少し言い換えて**「人の振り見てわが振り学べ」**と教えています。

仲間のレッスン風景をぼんやり見ているだけだと頭は別のことを考えてしまいがちですが、あとで感想を求められるとなれば、見る側も真剣にならざるをえません。実際、ＡＫＢ48のメンバーたちも「あそこの振りが少しおかしい」「もっとこうしたほうがカッコいい」など、細かなところに気がつくようになりました。

こうした発言は、本人の意識も変えていきます。仲間のミスを指摘したからには、次に自分が踊るときに同じミスをするわけにはいきません。**いわば有言実行の変化球で、他者への指摘を言葉にした瞬間、気づきと責任感が生まれるのです。**

もちろんダンスにかぎった話ではありません。

たとえば会議で仲間が発言しているときなど、人の仕事ぶりを見ている時間は意外に長いものです。そこで発言する際に、相手の悪いと思ったところやアドバイスになることを混ぜるようにしてみる、もしくは発言しなくてもいいので心のなかで考えてみるようにする。

それだけで驚くほど「わが振り学ぶ」ことになるのです。

他人をただぼんやりと見て過ごすのか、意識的に相手の悪いところ、アドバイスできるところを観察するかで、その時間の有意義さはまったく違うものになるでしょう。

ただし、注意したいことが一点あります。それは「自分を見せない」という姿勢はとらないということです。

長く仕事をしていれば、自分ならではのノウハウや必勝法ができてきます。ほとんどの人は、それを自分だけの秘密にしておきたがるものですが、本当は隠さずオープンにしたほうがずっと得です。

なぜなら自分が手の内をオープンにすれば、まわりの人々も警戒心を解き、同じようにオープンに情報を出してくれるようになるからです。

「人の振り見てわが振り学べ」を実践するためには、まず相手の振りを見せてもらわなければなりません。しかし自分の持ち駒《こま》を見せようとしない人は、相手にも見せてもらえないので、他者から学んで成長するという機会がどんどん少なくなってしまいます。

だから自分のノウハウは惜しまず公開しましょう。そうすればあなたのもとにはさまざまな情報やノウハウが集まるようになり、たえず成長のチャンスを得られるようになります。

「謙虚」になるのはいいが「遠慮」はしてはいけない

謙虚な振るまいは日本人の美徳です。二〇二〇年東京オリンピック招致の際の、「お・も・て・な・し」という言葉が注目を集めましたが、そのような振るまいは日本人の誇るべき特性だと思います。

しかし近年、残念なことに、かなりの人々が「謙虚」と「遠慮」をはきちがえているように思えます。

私の昔の助手にもそういうタイプの女性がいました。

彼女は、私が「お偉いさん」と会議室で打ち合わせをするときなど、決まって部屋の入口あたりに立っている。椅子をすすめられても座ろうとしない。本人は謙虚にしているつもりなのでしょうが、正直、そのようなところで立って待たれたら気が散ってしまうし、出入りの邪魔にもなるしで、私はちっともうれしくありません。

そもそも仕事の場では、身内に遠慮していたらいつまでたっても成長できません。助手は私から学ぶ気持ちがあるのなら、近くに座って打ち合わせに耳を傾けるべきだし、アイドルだって積極的に前に出てレッスンしたほうが振りを早く覚えられます。

謙虚に振るまいながらも遠慮はしない——。

気を遣うより、気を遣わせるな——。

それがエースの鉄則であり、成長するための条件です。

とはいえ意識していないと、ついつい謙虚ではなく「遠慮」になってしまうもの。

あなた自身はどうでしょうか。

ふだん心がけている謙虚さは、ただの遠慮や自己満足になっていないだろうか？

自分が一歩引くことでかえって相手に気を遣わせたり、勉強のチャンスを逃したりしていないだろうか？

自分の謙虚さが本物かどうか、ぜひ一度、振り返ってみてほしいと思います。

言葉が丁寧な人ほど、じつは要注意

話す内容は同じなのに、Aさんが言うと心にしみるけれど、Bさんのときはまったく響いてこない――。みなさんにも、そんな経験があるのではないでしょうか。

このニ人の違いは何かといえば、トークのうまい下手ではなく、言葉に心がこもっているかどうかです。

「なんだ、ただの精神論じゃないか」

そう思われたかもしれません。

しかし人に気持ちを伝える場面ではその精神論が決してバカにはできない、そう思わされることが、私は何度もありました。このケースでいえば、Aさんは心で感じたことを言葉にしているから伝わるけれど、Bさんは口先だけでしゃべっているから人の心を動かすことができません。

アイドルでもビジネスマンでも、その世界でエースと呼ばれる人は、ほぼ例外なくAさんのタイプです。**ただしここで気をつけてほしいのは、「心をこめる」と「丁寧な言葉を使う」ということとは少し違うということです。**

心で感じ、その感じたことを素直に気持ちで伝えることが習慣になっているから、エースの言葉には重みがあるのです。

反対に、Bさんタイプの人の言葉はその場をやりすごす言葉だったり、「自分のため」の言葉だったりすることが多いように感じます。

「死ぬ気で頑張ります！」

「夏先生に一生ついていきます！」

そのような言葉を私に時折伝えてくれるのですが、ある意味それは、そんな言葉を平気で言ったりする人、とも聞こえてしまいます。そういう軽々しい発言をする人にかぎって、すぐに辞めてしまうといった例を私は何度も見てきました。

敬語や丁寧語で話すときは、ことさら注意が必要です。言葉が丁寧ならそれで十分だろうと油断して、いつも以上に心をこめるのがおろそかになってしまうからです。

とくに、自分がミスをしたとき、言葉ひとつで相手の気持ちや自分の処遇も変わります。

最近の若い子は意外にも丁寧語をうまく使いこなしていて、ちょっと謝るときは「すみません」、大きめのミスをしたときは「申し訳ありません」、すごく迷惑をかけたときは「大変申し訳ございません」というように、状況に応じて言い方を使い分けることができます。

しかし残念なことに、ほとんどの人は言葉ほど反省しているようには思えないのです。とにかく丁寧な言葉を使えば反省したことになると思っているようで、心からの謝罪とはほど遠いものを感じてしまいます。

本当に謝りたい気持ちがあるのなら、杓子定規《しゃくしじょうぎ》な言い方をするよりも、言葉に心を乗せたほうがずっといい。ただ「ごめんなさい」のひと言でも、心をこめて謝れば相手には必ず伝わります。

もちろん言われた側としてもそんなまっすぐな言葉を言われたら許すどころかますます応援したい気持ちになります。反対に丁寧な言葉を伝えることに気を取られて、正直な気持ちを「逃がして」しまうと、相手も自分から逃げてしまうし、一度逃げてしまった経験は「逃げグセ」となって前を向くあなたを別の方向へ導いてしまいます。

心で感じ、気持ちで伝えよ――。

言葉で人の心を動かせるエースをめざすなら、ぜひ習慣化してほしいものです。

片っ端から手紙を出すのはすぐに止めなさい

私が若手のころからずっと続けている習慣に、仕事でお世話になった人に手紙を書くというのがあります。これは自分を売り込もうという下心ではなく、純粋に感謝の気持ちを伝えたいという思いではじめたことなのですが、結果としてこの習慣は私に多くのチャンスをもたらしてくれました。

あれは私がまだ駆け出しのダンサーだった二五、六歳のころのことです。

当時よくお仕事をご一緒していたダンスの先生が中森明菜さんのコンサートツアーの振り付けをすることになり、「まゆみ、ちょっと手伝ってくれない?」と声をかけてくれました。明菜さんの大ファンだった私は喜んで承諾し、先生のアシスタントとして明菜さんやコーラス部隊の方々に振り付けをしました。

そのときの明菜さんの〝付き人さん〟がとてもいい方で、ただのアシスタントでしかなかった私にもわけへだてなく気を遣ってくださり、おかげで楽しく気持ちよく仕事をすることができました。

そこで後日、私は彼にお礼の手紙を書きました。現場にはプロデューサーやマネジャーといった〝格上〟の方もいたので、本当ならそういう方々に手紙を出すのが正解なのかもしれませんが、**私は親切な付き人さんにお礼を言いたかったので、スタッフのなかでも一番の下っ端である彼にだけ手紙を出したのです**。

それきりお付き合いは途絶えていたのですが、五年ほどして突然彼から電話がかかってきました。聞けば、彼は付き人からマネジャーに昇格してようやく自分のタレントを持てるようになり、その人が初めてのＣＤを出すので、振り付けを私に頼みたいというのです。

その当時、私はまだ吉本印天然素材の仕事をする前で、振付師としては無名でした。そんな私のことを覚えていてくれたばかりか、初めて担当するタレントが出すデビューCDの振り付けを任せたいと言ってくれた。それはやはり五年前にご一緒したとき、その場かぎりの関係ではなく、**本当に感謝したい相手にだけ、ちゃんと感謝の気持ちを伝えることができたからだと思います**。

感謝の手紙がチャンスを運んできたのは、このときだけではありません。

これまた私がまったく無名のルーキーだったころ、ある方の依頼で映画のダンスシーンの指導をしたことがありました。結局その映画は途中でポシャってしまい、日の目を見ることはなかったのですが、貴重な経験をさせてもらえたことがうれしくて、やっぱり感謝の手紙を書きました。

すると数年後、助監督から監督へと出世したその方がふたたび私に声をかけてくださり、今度こそ映画の振り付けをすることができたのです。

会った人に片っ端から送るような手紙ではなく、また地位や名声のある人への手紙ではなく、「感謝したい人」をちゃんと考えた手紙。

それが伝わる手紙には「もう一度会いたい人に会わせてくれる力がある」ということを実感した出来事です。

病気療養だって「成長のチャンス」になる

前に向かって進んでいくことはエースの絶対条件ですが、もし立ち止まらなければならなくなったとき、その機会は「チャンス」と捉えるべきです。

一年三六五日ずっと全速力で駆け抜けるばかりが正解とはかぎりません。ときには歩をゆるめたり、思いきって立ち止まってみたりすると、思いがけない景色が見えてくることがあります。

私がそれを知ったのは四〇歳を過ぎてからのことです。

当時の私はモーニング娘。の振付師として寝る間を惜しんで働いていたのですが、その無理がたたり、あるとき左半身がしびれて動かなくなってしまいました。これはマズイということになり、根っからの仕事人間である私も、さすがに休養をとることを決意しました。

まとまった休みをとるのは数年ぶりのことで、休養前は「休んでいる間に取り残されるのではないか」「まわりに迷惑がかかるのではないか」と不安でしかたがなかったのですが、実際に休んでみると、そんな心配は杞憂《きゆう》であることがわかりました。

――私が動けなければ代わりはいること。

――ゆったり動いて成果を出す人もいること。

当たり前のようでいて、どれも全力疾走しているときは見えていなかったことばかりです。

もちろん、元気なときにわざわざ立ち止まる必要はありませんが、**休んでしまったら、その機会をも「成長のチャンス」として利用する。病気療養だってチャンスなのです。**

数年ぶりに立ち止まったことで、自分自身とじっくり向き合うこともできました。

それまでの数年間はアイドルの教育係として充実した日々を送っていたけれど、正直にいえばつねに私は、それが「一番やりたかった仕事」なのかどうか自問自答していました。与えられた曲に振りをつけるだけではなく、ゼロから自分で作品をつくったり、自由に振り付けをしたり、大好きなソウルを踊ったりしたい――。

心の底からわき上がってきた欲求にしたがい、私は復帰後の初仕事として自分でダンス公演をプロデュースしました。たっぷりと休み、やりたい仕事に打ち込んだことで、私の気力はふたたびみなぎってきました。

そして意気揚々、次はどんな新しいことをしようかと考えていたまさにそのときに、秋元康さんから「ねえ、夏さん一緒にやらない?」とAKB48の立ち上げについて声がかかったのです。

休養前の私なら、もしかしたらお断りしたかもしれません。アイドルの振付師としてはもう十分やりきったつもりになっていたからです。


――でもそのときは違いました。

私はテレビ方面の仕事が中心になっていたので、これまで自分が生きてきた劇場でやってみたいという気持ちが生まれていました。ですから、劇場という「ライブ」で表現できるAKB48の話は、それまでの経験や反省を活かしてさらに前進する絶好のチャンスだと感じ、秋元さんのお誘いを快諾したのです。

こうして振り返ってみると、思いきって休養をとったことで、私はじつに多くの気づきやチャンスを手に入れ、大きく前進することができました。きっかけは不覚にも身体をこわし、半強制的に休むことになった、そこからです。

立ち止まることをすすめるつもりはありませんが、立ち止まらざるをえないとき、それは違う景色を見るための「成長のチャンス」になるのです。

仕事量の多い人ほど、「差が生じる」のは細かい作業

ここまでエースになる人が持っている資格――すなわち習慣や考え方についてお話ししてきました。

エースの習慣というと何か特別なことをイメージするかもしれませんが、もっとも大切なのは基礎の徹底です。どんな人であれ基礎ができていない人が成功することは

ありません。

社会人の基礎とは、たとえば取引先の人や同僚に挨拶《あいさつ》をする、きちんとメモを取る、こまめにスケジュールを確認するといったことです。社会人であればどれも一年目から教わることばかりですが、経験を積めば積むほど、こうした基礎がモノをいうようになります。

なぜなら経験を積むほど仕事量は増え、仕事量が増えるほど細かい作業の違いで、結果に差がつくようになるからです。

私自身もそうでした。駆け出しのダンサーだったころは「いちいちメモなんて取らなくても大丈夫」と思っていたのですが、仕事量が増すにつれてそんな考えは通用しなくなっていきました。

そしてあるとき、私はとうとう大きなミスを犯します。

テレビ局のプロデューサーと振り付けの打ち合わせをして、どういうイメージの振りにするか、どんなセットで踊るのかなどを細かく決めていったにもかかわらず、私はメモを残さなかった。当時は多忙ではなかったので、メモなどしなくても覚えていられるだろうとタカをくくっていたのです。

ところがその二、三日後、そろそろあの曲の振り付けをしようかという段になって、自分が打ち合わせ内容をすっかり忘れていることに気づき愕然《がくぜん》としました。あわててプロデューサーに連絡をとり、なんとか打ち合わせ内容を教えてもらうことはできたものの、間違いなく心象は悪くなったと思います。

私が本気でメモを取るようになったのはそれからです。

最初は会話をしながら字を書くことができず、結論的なことしかメモできませんでしたが、だんだんとコツをつかみ、いまでは打ち合わせの全工程を速記できるまでになりました。

なぜそこまで細かくメモを取るかというと、ダンスの振り付けのように〝ものをつくる仕事〟の場合は、結論よりもそこに至る過程が大事だからです。結論だけのメモだと最終的なイメージしか残りませんが、話の過程や展開をメモしておけば、なぜその振りが必要なのか、相手が自分にどんなことを期待しているかがわかるので、創作するうえで心強いヒントになるのです。

いまやすっかりメモ魔と化した私は、プライベートな時間も含め、つねにメモ帳を持ち歩き、ふっと思い浮かんだ振り付けのアイデアなどもすかさず書きとめるようにしています。この習慣には、もう何度助けられたかわかりません。

挨拶は「名前つき」でするのが理想的

挨拶も社会人にとって基本中の基本といえるマナーですが、なぜ挨拶が必要なのか、どのように挨拶をすればいいのかをわかって実践できている人は、意外に少ないように思えます。

まず、挨拶は必ず一対一で行うのが鉄則です。

オフィスに入るときに「おはようございます」と言っただけでみんなに挨拶をしたつもりになる人がいますが、それは挨拶のうちに入りません。挨拶は空気に向かってするものではなく、誰か特定の人に向けてするものだからです。

オフィスのドアを開けてから自席につくまでに誰かと会ったなら、そのつど相手の目を見て「おはようございます」と言うべきだし、自分よりあとから出社してきた人にも「おはようございます」と挨拶をしたいものです。

私は指導者という立場上、一度に何十人もの教え子と相対することがありますが、そんなときでも気持ちは一対一のつもりで、一人ひとりの顔を見ながら挨拶や指導をするように心がけています。

なぜ一対一で挨拶をする必要があるかというと、大勢に向けて口先だけで言う「おはようございます」は人の印象に残らないからです。本来、挨拶には相手に清々《すがすが》しい印象を与えたり、「私はここにいますよ」と存在を認識させたりする効果がありますが、いいかげんな挨拶ではそのどちらも期待できません。

私が吉本印天然素材の振り付けをしていたとき、どうしても現場へ行けない日があって、代理で助手を派遣したことがあります。

その夜、舞台監督に電話をして「うちの助手は大丈夫でしたか？」とたずねたら、「えっ、そんな人来ていたっけ？」と言われてしまいました。おそらく助手は舞台監督にちゃんと挨拶をしなかったか、挨拶をしても声が小さすぎて気づいてもらえなかったのでしょう。

反対に「この人は挨拶上手だなあ」と感心させられたのが、あるミュージカルにアンサンブルダンサーとして出演していた女の子です。彼女はきちんと一対一で挨拶をするだけではなく、「夏先生、おはようございます！」というように、一人ひとりの名前を呼んで挨拶をしていました。

これはすごくいいいっ！

名前つきで挨拶をされたら、その事実は確実に記憶に残るし、自分が尊重されている気がしてうれしいし、礼儀正しくてやる気のある子だなという印象を受けます。

「精いっぱい頑張ります」なんてわざとらしく主張するよりも、ずっと嫌味がなく好感が持てる理想的なアピールの方法だと思います。

なぜ「まったく相談にこない子」のほうが伸びるのか？

アイドルの教育係をやっていると、毎日のように誰かが「夏先生、相談にのってほしいんですけど……」とやってきます。

そんなとき、私はまず「すばらしいっ！」と言ってあげることにしています。相談者の多くは落ち込んだり自信を失ったりしてモチベーションが下がっているので、少しでも前向きな気持ちになれるよう、まずは相談にきた勇気と行動力をほめるのです。すると悩みも少なからず話しやすくなりますので、私としても悩みを把握してちゃんと対応しやすくなります。

ただ残念ながら、「頻繁に相談にくる子」と「まったく相談にこない子」のどちらが伸びるかといえば、間違いなく後者です。思い返せばＡＫＢ48でも前田敦子、高橋みなみ、板野友美あたりは一度も相談にきませんでした。彼女たちは悩みや不安を打ち明けて発散させるのではなく、「秘めたる闘志」に変えてパワーの源にできる強さを持っていました。

もちろん、人に相談するのは悪いことではありません。

考えても考えても結論が出ないとき、いまの自分のスキルではどうしようもないときなど、独りで抱え込んでパンクしてしまうくらいなら、すぐにでも誰かを頼ったほうがいい。

そもそも指導的な立場にいる人は誰しも、部下や教え子には「自分の頭で考える力を身につけてほしい」と思うものです。だから私も相談や質問は受け付けるけれど、そのものズバリな答えを教えることはほとんどありません。「どうして私は後列なのか?」と聞かれたら、「それはきっと、君が前列の子やセンターの子に比べて足りないところがあるからだよ。それが何かっていうのは、私が言わなきゃいけない?」などと、ヒントは示すけれども答えは極力自分で見つけさせるようにしています。

くり返しますが、相談や質問をすることが悪いのではありません。

ただ、安易に他人に答えを求めるのではなく、まずは自分の頭でとことん考え抜いてほしい。そのうえで相談にのるのであれば、どんな上司も歓迎してくれるはずです。けれども実際は、そこまで追い込まれてアドバイスを求めにくる人はほとんどいません。私の場合でいうと、ほとんどは「私はこんなに頑張っているのにどうして立ち位置が後ろなんですか?」と不平不満を主張したい人、あるいは「夏先生と仲よくなって距離を縮めたらいいことがあるかも……」という計算のもとにくる人、そのいずれかです。

ときには「私はＡＫＢにいてもいいんでしょうか?」というたぐいの相談もあったのですが、そのようなことは自分で考える問題であって、誰かに決めてもらうことではありません。厳しいようですが、それを自分で考え抜いた先にこそ、めざすべき道が現れます。

しかしなかにはそれ以上にやっかいなものもあります。

「こんないやなことがあったんです」という、「相談にみせかけた愚痴」です。若いアイドルたちならまだしも、いい歳をした大人から相談があると言われたときは、「相談にはもちろんのるけれど、私は建設的なことしか話したくないから、愚痴なら聞かないよっ」とハッキリ申し上げるようにしています。

愚痴や恨みごとを聞かせるのは、不幸を配るのと同じことです。自分はスッキリするかもしれないけれど、聞かされたほうは確実にいやな気持ちになります。前に向かって進んでいる人は間違ってもそんな姿を見せません。仮に相手も同じような不満を持っていて、愚痴の言い合いで盛り上がったとしても、あとに何も残らないし、進歩もありません。

ネガティブな発言はめぐりめぐって自分も不幸にします。

たとえば同僚との飲食の席で「あの上司はいやなやつだ」という話になり、さんざん上司をこきおろしたとします。自分は言いたいことを言えたので胸のつかえがとれ、上司への不満も少しはおさまって、次の日はニコニコと上司に話しかけたりできるようになる。でもそれは、一緒に飲んでいた同僚の目には「昨晩はあんなに悪口を言っていたのに、今日はおべっかを使っていやがる」と映ることでしょう。その豹変《ひょうへん》ぶりに腹を立て、上司に告げ口をする人だっているかもしれません。

いずれにしても愚痴や恨みごとを言うのは非生産的で、いいことなどひとつもありません。あなたのまわりを見わたしても、愚痴っぽいエースなんてほとんどいないはずです。

人に相談する内容こそ前向きなものだけと、肝に銘じましょう。そして相談することで悩みや不安を発散するのではない、「秘めたる闘志」に変えられる人になってほしいと思います。

ムカついている相手にこそ「ありがとう」を伝えなさい

二〇〇七年、モーニング娘。のメジャーデビュー一〇年目を記念して「モーニング娘。誕生10年記念隊」というユニットが結成されました。メンバーは一期の安倍なつみと飯田圭織、三期の後藤真希、五期の新垣里沙、七期の久住小春の計五名で、私は彼女たちと一緒に全国ツアーをすることになりました。

このツアーがまた、最初から最後まで波乱の連続でした。

ユニットが結成された直後に飯田が妊娠していることがわかり、メンバーを変えるのかどうするかという話になりました。

本人はどうしても出たいと言っているし、身体のほうも安定期に入ればなんとかなるだろうということで、結局メンバーは変更しないという結論に落ち着いたのですが、やはり重たいお腹を抱えてステージに立つのは容易なことではありません。実際にもリハーサル中に気分が悪くなって退室するようなことが何度かあり、そのたびにレッスンが中断されたため、ほかのメンバーは集中力をキープするのにずいぶんと苦労を強いられました。

しかも飯田が途中でリタイアする可能性もゼロではない。そのためダンスの振りも飯田がいるバージョン、いないバージョン、途中から抜けるバージョンと三パターン覚えなければいけない。当然メンバーからは不満の声もあがりました。

それでも飯田は長く一緒にやってきた仲間だし、みんなも「10年記念隊として選ばれたこの五人で頑張ってこそ意味がある」という想いで協力し合い、どうにかツアーは動き出しました。最初のうちは飯田が抜けることも少なくなかったものの、だんだんと状態も安定してきて、五人でステージに立てる回数が増えてきました。

ところがホッとしたのも束の間、今度は後藤が体調を崩してしまった。やむをえず後藤抜きの四人バージョンを覚えなおし、あらためて四人でツアーを回ることになりました。

こうしてたびかさなる変更に、メンバーのストレスは限界近くに達していました。

そこにとどめを刺したのが後藤の復帰です。

ツアー終盤、ようやく後藤の体調が回復してきたのですが、そのころにはメンバーはもう後藤抜きの四人バージョンに慣れてしまっていた。このまま最後まで四人でいけるならメンバーにとってはそのほうが負担は少なかったのでしょうが、後藤は復帰を希望している。それを聞き、もっとも変更が集中するセンターの安倍は憤慨した様子でした。

ツアーの最終日は、そんな最悪の雰囲気のなかで開幕しました。

ライブでは安倍と後藤が二人で踊るナンバーがあったのですが、両者はステージ上で一度も目を合わせませんでした。後藤は一生懸命に安倍を見るのですが、安倍は決して後藤に視線を持っていこうとしない。お客さんは気づいたかどうかわかりませんが、勘がいい人ならピリピリした空気を感じとったかもしれません。

控え室でもメンバーはみごとにバラバラでした。

安倍はムスッと無言だし、後藤はいたたまれない顔で小さくなっているし、飯田は自分のことで頭の中がいっぱい。最年少の久住が「お姉さんたちが大変〜」とボケたことを言うのを、新垣が「ちょっと黙っていなさいっ！」と抑えつける――。

さすがにこんな雰囲気のままでツアーを終わらせるわけにはいきません。

私はまず安倍を呼び出し、もう後藤を許してやれと言いました。ちょうどそのときファンからすごくいい手紙をもらっていて、そこに「やっぱり記念隊の顔はなっちだね、なっちがセンターに立つとステージが引き締まるよ！」と書かれていたのを読み聞かせました。君は〝記念隊の顔〟でありセンターなのだから、いまこそ君の懐の深さを見せるときだと話し、エースの自覚を呼び起こしたのです。

後藤にはあらためて安倍に謝罪させました。たとえ相手が目を見てくれなくても、自分は決して目をそらさず、誠意をもって謝るように助言しました。

そして最終公演の前に五人を集め、モーニング娘。一〇年記念隊のこのコンサートツアーのタイトルが「サンキュー My Dearest」であったことを確認すると、「どんな意味かわかる？」と投げかけました。**そして、一番大切な人に「ありがとう」を伝えることだと説明したうえで、「いま一番ムカついている相手に感謝しなさい」と命じました。後藤が安倍に感謝するのではなく、安倍が後藤に「成長のきっかけをくれてありがとう」と言うのです**。

ほんの少し悔しそうな表情を浮かべながらも、安倍は後藤に「ありがとう」と言いました。自分も休んだけれど飯田だって休んだじゃん、と思っているだろう後藤は飯田に「ありがとう」と声をかけ、飯田は新垣に、さらに新垣は世話のやける久住に「ありがとう」と感謝の言葉を述べ、久住は安倍に「ありがとう」と言いました。

なぜこんなことをさせたかといえば、自分に辛苦をもたらす人間こそ、自分を成長させてくれる恩人だからです。安倍は後藤が抜けたり入ったりしたおかげでひと回り成長できたのだし、新垣も久住がいたからこそお姉さん役としてチームに貢献できたのです。

もうひとつ、この行動には「失敗の原因を自分に戻す」という意味もありました。

安倍と後藤が二人で踊ったステージは、最高の出来と呼べるほどのものではありませんでしたが、安倍にしてみれば、後藤のせいで自分が苦労している、だから怒るのは当然であり、失敗は後藤の責任だと思ったかもしれません。

しかし、そうではないのです。

本当は後藤のことを恨んでいるから気持ちよく踊れないのだし、それを後藤のせいにしている以上、自分自身も輝けない。**原因はあくまでも自分にあるのです**。

必ず前に向かって歩を進めるエースたちは、どんな問題も他人のせいにはせず、自分が原因だと考える習慣を身につけています。エースの条件〈その3〉「前に向かって進む」ための習慣をいくつか紹介してきましたが、これは人生を豊かにする習慣でもあります。

誰かを恨みに思っていてもいいことはひとつもないし、それどころか自分自身が損をしてしまう。**反対に、すべての原因を自分にして、自分に何が足りないかを考えるようにすれば、反省点や改善点が見つかり成長につながります。**自分を取り巻く人間関係も明らかによくなります。

ムカつく相手に感謝の言葉を贈ることでそのことに気づいてほしかったのです。

実際、この荒療治は功を奏し、その後のステージは見違えるほどすばらしいものになりました。そしてツアー終了後はみんな笑顔で「またね」と別れることができました。

5 エースのその先へ

エースとは成功者のことではない

あらためて強調しておきたいのは「エースとは成功者のことではない」ということです。

かつてＡＫＢ48では前田敦子が「絶対的エース」と呼ばれましたが、彼女のようにファン投票で一番になってセンターに立つ人だけがエースではありません。エースとはあくまでも「自己を確立し、自信を持ち、前に向かって進む人」のことであり、この条件を満たしていれば、たとえＡＫＢ48で選抜メンバーになれなかったメンバーでも、仕事をしている人でも退職した人でも、子育てや介護をしている人でも学生でも、その人は間違いなくエースといえます。

「エースはeverybody」

第1章でも述べたように、エースになる可能性は誰もが秘めています。いまのあなたがエースと呼べるほどの輝きがないと感じるのであれば、それはまだ条件を満たしていないだけのことであって、「自己を確立し、自信を持ち、前に向かって進む人」になるための考え方や習慣を身につけさえすれば、いつかは必ずエースとして輝く日がやってきます。

「you are the エース」なのです。

いつ、どこで、どんなふうに開花するかは、それこそ十人十色です。

元カントリー娘。の里田まいは、アーティストとして大成したわけではありません。彼女はあのとおりフワフワした感じの子で、がむしゃらに前へ前へ出ていくタイプではなかったので、アイドル路線で売っていたころは少なからず無理をしていたのではないかと思います。

それがあるときミュージカルで天然キャラを演じたら、それがハマリ役だと話題になり、バラエティ番組にも呼ばれるようになってブレイクを果たしました。

プロ野球の田中将大選手と結婚してからは、料理上手な良妻というイメージも定着し、エースぶりに磨きがかかりました。少し前に「ドリムス。」のメンバーと里田に会ったときも全身からハッピーオーラが漂っていて、みんな「まいちゃんのそばにいると幸せになれそう！」と彼女のあとをついて回るほどのカリスマぶりでした。

里田はアイドルではなくバラエティタレントとして、そして妻としてエースになったわけですが、それは決して運や偶然などではなく、不遇だったアイドル時代からの前向きな積み重ねが実った結果なのです。

オーディションで落とすこともまた愛情

これまでモーニング娘。やＡＫＢ48のオーディションに審査役としても何度も立ち会ってきました。当然そこには合格者と不合格者がいて、受かった子とはその後も長いお付き合いになりますが、落ちてしまった子とはそこでお別れになります。

その子たちともしも再会することがあったなら、絶対に伝えたいと思っている言葉があります。

「オーディションに落ちた君だってエースなんだ！」

アイドルのオーディションは、一般のビジネスマンにあてはめるなら就職の面接ということになるでしょう。最近では就職活動で苦戦して鬱《うつ》になってしまう大学生が増えていると聞きますが、たしかに面接で落とされると、全人格を否定されたような気がするかもしれません。

でも本当は、落とすこともまた愛情なのです。

どんな仕事にも向き不向きがあります。アイドルのオーディションでも、私がもっとも重視するのはそういうところです。

この子は芸能界でエースをめざすよりも、好きな人を見つけて結婚して赤ちゃんを産んで、家庭人としてエースになるほうがずっと幸せになれるんじゃないか――。

そう思ったら、私はその子にマルはつけません。それが大人の責任だと思っているからです。

とくに芸能界は華やかな世界なので、ステージに立ちスポットライトを浴びる快感を一度おぼえてしまったら、なかなか抜け出すことができません。芸能人としての適性が低い子をそんな世界に放り込むのは本当に酷だし、無責任なことだと思います。

だから面接で落とされたからといって「自分にはエースの資格がないのか？」と悲観する必要はまったくありません。むしろ不合格になったことをバネにして奮起したり、別の世界に目を向けたりすることで、合格者よりも早くエースへと成長するケースは数多くあります。

面接でもオーディションでも、あらゆる試験はゴールではなくスタート地点だということを忘れないでほしいと思います。

「地道で正直」はかけがえのない強みと心得よ

エースになるということと、成功するということもイコールではありません。たとえエリート街道を突き進んでいる人でも「自己を確立し、自信を持ち、前に向かって進む」ことができていなければエースとはいえないし、エースとして輝いていない以上、いつかは行き詰まる日がやってきます。

エースの条件を満たしていないのに成功しているのはうそやハッタリが上手な人である場合が少なくない。**たしかな自己や自信、前向きさなどを備えているのに世間的な評価が低い人はほとんどが正直者です**。前者が要領よく出世していくのに対し、うそをつけないタイプの人が出世コースに乗り遅れてしまうというのは、たしかに世間でよくある構図です。

けれども世の中は、ハッタリだけで乗りきれるほど甘くもありません。要領がいいだけの人は、いつかきっとごまかしようのない事態に陥って、そのときになってようやく自分が地道な努力を怠ってきたことを悔やむことになるでしょう。

一方、地道で正直な人は、「地道で正直」というかけがえのない強みを持っています。たとえ何年か出遅れたとしても、どん底まで落ちてしまうことはないし、そのうちに地道さ、正直さという強みを発揮できるチャンスにめぐりあい、より大きなゴールを達成するときがやってきます。

長い目で見れば、正直者のほうが絶対にエースに近いのです。私が大勢のなかからエース候補を選ぶときも〝正直さ〟は大きなプラスの査定要素となります。

誤解しないでほしいのは、私はエリートをめざすこと自体を否定しているわけではありません。

雇用条件や就業環境が決してよくはないなかで、きちんと会社に就職して仕事をするということは、それだけである種の社会貢献だと私は思っています。しかもエリート志向の人はただ働くだけではなく、貪欲に上をめざそうというのだから、そのポジティブな姿勢は本当にすばらしいことだと思います。

大切なのは、それがすべてだと思わないことです。一番になるのはすごいことだけれど、下位にいる人のほうが成長することもあるし、出世コースから脱落したからこそプライベートな世界でエースになれる人もいるのです。

日本一になった唯一のメリットは、「一番の呪縛」から解放されたこと

一番になるばかりがエースではないとくり返している私ですが、じつは、若いころ

の夢は「日本で一番のダンサーになる」ことであり、二十代はその目標に向かって突っ走っていました。

結局のところダンサーとして一番になることはできませんでしたが、その後、振付師として冬季長野オリンピックという世界的イベントや「LOVEマシーン」などの国民的作品を手がけてきたことを考えると、少なくともある一時期においては「日本で一番稼いだ振付師」になれたのではないかと思っています。

こうして念願の「日本一」となったところで、私はようやく気づきました。

一番になるなんて、なんとちっぽけな目標だったことか――。

私は以前から「ダンスで世界平和」を合言葉に、ダンスの普及やダンサーの地位向上に取り組んでいました。でも「日本一」をめざしていたころは、自分が一番になるという目標のほうが優先順位としては上で、ダンス文化を根づかせるといった社会貢献は二の次になりがちでした。

それがいざ「日本一」を達成してみると、なぜ自分が一番にそれほど執着していた

かわからない――。むしろもうひとつの夢、「ダンスで世界平和」を追いかけることのほうがずっと有意義で、ずっと幸せなことじゃないかと気づきました。

こうして一番の呪縛《じゅばく》から解放され、少なからず視野が広がったことが、日本一になることで得られた最大のメリットといっていいくらいです。

それ以来、私は第二の夢である「ダンスで世界平和」に全力投球しています。これは本当に終わりがない夢で、毎日が試練と勉強の連続です。

プロフェッショナルの育成、ダンス番組の審査員、ダンスの必修化に戸惑う小中学校の先生への指導、大学での講演、マスコミでの啓蒙《けいもう》活動――。

どんな活動も「ダンスで世界平和」という大きな夢につながると思えばいっそうやりがいがあるし、日々、本当に充実しています。

手前味噌《みそ》ではありますが、エースになるとはこういうことなのかな、と実感します。

好きなことをして、好きなことが形になり、それに見合った報酬が手に入り、本来の自分で生きていくことに幸せを感じられる――。

自己を確立し、自信を持ち、前に向かって進んでいく先には、そんな未来が待っているのです。

「好き」を見つけてらせん階段を上りなさい

いつ、どこで、どんなエースになるかは人それぞれで、私の場合はダンスでしたが、人によっては仕事ではなく家庭だったり、地域社会だったり、趣味の世界だったりするでしょう。

何をめざすも個人の自由ですが、私の経験上、やっぱり好きな分野でエースになれたら、それほど幸せなことはありませんよね。

そこで大事なのが「好き」を知ることです。

自分は何が好きで、どんなことをしているときがもっとも幸せなのかがわからなければ、幸せなエースにはなれません。

「自分が好きなものが何かぐらいわかっている」という反論もあるでしょうが、本当にそうでしょうか。

たとえば中華料理が大好きだといって中華料理ばかり食べている人は、中華料理好きとはいえません。それは中華料理が好きなのではなく、中華料理しか知らないだけのことです。和食でもイタリアンでもフランス料理でも、久しぶりに食べれば感じ方は違うかもしれませんし、食べやすいお店がオープンしているかもしれません。かたくなに中華料理以外は食べることをせず「中華が一番!」では、あまりにも世界が狭すぎます。

だから、まずはいろいろな料理を食べてみること!

もしかしたら和食のほうが口に合うかもしれないし、やっぱり中華が一番という結論になったとしても、それは単にスタート地点に戻ってきたわけではありません。らせん階段を上っているのと同じで、一見同じ場所に戻ってきているようでも、以前に比べて高い場所へとたどり着いているのです。

中華のよさがよりわかり、迷いなく「中華が好き!」と言える人間に成長しているのだから、回り道もムダではなかったし、よりいっそう理解を深められたことになり

ます。

ダンスが好き、書くことが好き、モノづくりが好き、計算が好き、人と会うことが好き、家族が好き――。

仕事や生きがいにつながる「好き」は、あなたのまわりにもあふれています。

自分が、本当に何が「好き」なのかをもう一度たしかめるためにも、幅広い物事に興味を持ち、チャレンジする心を忘れずに経験してみてほしいと思います。

好きじゃない仕事に感謝する

好きな分野でエースになるために「好き」を仕事にできればベストですが、それは簡単なことではありません。大部分の人は「好き」とは直接的に関係のない仕事に就いているでしょうし、なかには「向いていない」と思いながらも生活のために働いている人もいることでしょう。

しかし、それでもいいのです。

たとえ「好き」とはほど遠い仕事だったとしても、その経験がムダになることは絶対にありません。**むしろ「好きじゃないから」とか「向いていないから」と言ってそのつど仕事をやめていたら、簡単にあきらめる癖がついてしまい、いつまでたってもエースにはなれません**。

私の社会人生活も、ダンサーではなく貿易会社のOLとして幕を開けました。

一年目は営業部に配属。

唯一、人並みに誇れる英語力を必要とする貿易事務をやっていたので、仕事はそれなりにおもしろく、私は人一倍モリモリと働いていました。

ところがその頑張りが裏目に出て、二年目に経理部に〝抜擢《ばってき》〟されてしまった。経理部はその会社のなかでは力のある部門で、男性なら出世コースに乗ったということになるのですが、私はいやでなりませんでした。

なにしろ経理部での私の仕事といえば、銀行との行き来や現金の払い戻しなどが中心で、とにかく退屈きわまりない。英語を使う機会もまったくなくなってしまい、私はなんのためにこの会社で働いているのか、いっそ辞めてしまおうかと何度も思いました。

でも、そんな経理部にもひとつだけいいところがありました。先にも触れましたが、オフィスの窓からダンススタジオが見えたことです。

経理部はビルの九階にあり、スタジオはその真正面にありました。前年までいた営業部はもっと下のフロアだったので、異動になるまでは隣にダンススタジオがあることさえ知りませんでした。

第1章でも述べたように、このスタジオこそ私がダンサーに転身したきっかけとなる「運命のスタジオ」です。毎日のように楽しくダンスをする人たちを見ているうちに、私も踊りたいという欲求がふくれあがり、初めて正式にダンスを習うことにしたのです。もしも私がずっと営業部で事務をしていたなら、スタジオに気づくこともなく、ダンサーになることもなかったのかもしれません。

チャンスや転機は思いがけないところにころがっています。**自分には意味がないよ**

うに思える仕事や課題、つまらないと思える仕事や課題が、エースの道へと続いていることもめずらしくありません。それなのに「自分には向いていないから」といちいち辞めていたら、それこそ何もはじまりません。

私自身もそうでしたが、不満を飼いならして仕事を続けるには、その仕事がもたらすメリットに目を向けて「感謝」することです。

新しい知識が身についたり、人脈が広がったり……そう考えると、どんな仕事にも必ずメリットはあります。その日一日を無為に過ごすことなく、お給料をもらえるというだけでも立派なメリットです。

そのメリットに感謝すれば、仕事を継続する意欲も生まれ、あきらめずに継続していれば、いずれ新しいきっかけが舞い込んでくるはずです。

感謝の心ひとつで、人生は前進することもあるのです。

人生にムダなことはなく、人は輝く場所を持っている

中学、高校時代はバスケ部で大いにしごかれました。

いまなら体罰だといって問題視されるようなことも当たり前にまかりとおっていた時代のこと、水分補給もなしに気を失うまで練習させられたり、合宿から逃げ帰って先輩に大目玉をくらったり、思い返されるのはつらいできごとばかりです。

でも、いまにして思えばこうした経験は間違いなく自分の根性の土台になっているし、若いうちから「底力くん」と仲よくなっていたおかげで、私はその後のさまざまな試練を乗り越えることができたのだと思います。

イギリス留学中、見ず知らずの老人からいやがらせを受けたという話はすでに述べましたが、じつはホームステイ先でもさんざんな目にあいました。ホストファミリー

は、私のことを留学生ではなく召使いのように扱い、学校へ行く時間以外はずっと掃除や子守りをするよう命じたのです。**しかも意地悪なことに、私は生きた英語を学びたくてイギリスに来ているのに、ちっとも英語で話しかけてくれず、家族同士はわざとフランス語で会話したりする。**最初はお世話になるのだからと耐えていた私ですが、さすがに我慢も限界に達し、その家を出て、より勉強できる環境を探そうと決意を固めました。

しかし、ただ家を出たいと言ったのではもめごとの種になってしまいます。

私はホストに対して、自分がどんな思いでイギリスに来たのか、どういう点に不満を持っているのか、なぜ家を変わる必要があるのかをあますことなく伝えたいと思いました。

そのために私は必死で草稿をつくりました。辞書を片手によりよい表現を模索し、できあがった文章を何度も読み返してパーフェクトに暗記したうえで、ホストの奥さんに直《じか》談判しました。

結局、私のスピーチは途中で「もうわかった」とさえぎられてしまい、思いのたけを伝えることはできなかったものの、以後、私の英語力は飛躍的に向上していきました。原稿制作の苦労やスピーチの練習が実を結んだのです。

経理部門に配属となったOL時代、退屈さに音をあげそうになる毎日でしたが、じつはこのとき経理をかじったことが十数年後に生きてきます。ダンス公演の収支バランスを考えるときや、自分で立ち上げたナッ・ファンキーハーツという会社を経営していくにあたり、経理のノウハウが思いのほか役立ったのです。

その後OLをやめてダンサーとなり、一九九五年に初めて自分のプロデュース公演を打つことになったときも、当時は苦難の連続でした。それは五〇人くらいのダンサーと一緒に四〇曲ほどのダンスをやる舞台だったのですが、当時まだ指導者よりダンサーとしての自分に比重があった私は、大勢のダンサーをうまくまとめ上げることができず悩んでいました。

そんな状況で、私はあろうことか大けがを負ってしまいます。本番まで残すところ二、三週間というときに、左膝の半月板を壊して救急車で運ばれてしまったのです。

もうおしまいだ、これでは公演の成功など望めない――。

目の前が真っ暗になりました。

ところが病院からリハーサルスタジオに戻ってみると、驚いたことに、五〇人のダンサーは見違えるほど一致団結している。私がけがをしたことで、私を心配する気持ちや、公演がどうなってしまうのかという危機感が芽生え、それがバラバラだったダンサーたちを結束させたのです。

結局この公演は、私が舞台に立つ回数を減らしたり、痛み止めの注射に頼ったりしながら、どうにか成功させることができました。もちろんそれは五〇人のダンサーが一同結束して支えてくれたからこそできたことで、「ケガの功名」とはまさにこのことだと思ったものです。

つらいことや苦しいことは、のちに必ずプラスになって自分に返ってくる。

これは若くて渦中にいるときにはわかりません。私も中高時代はバスケ部の顧問をずいぶん恨んだし、イギリス留学中は意地悪なホストファミリーにあたった不運を嘆いたものです。

でも、歳をとったいまならわかります。

自分に発生するどんなことにも必ず意味があるし、苦労すればしただけ人は確実に成長していきます。

こんなことをやってもムダだと最初からあきらめてしまい、自分の力を信じることもせず、何もしないことほどもったいないことはありません。

私たちは、どんなこともやってみるべきです。

もしかしたらそのときは失敗して、むなしい努力をしたと思うかもしれませんが、その経験はいつかどこかで必ず生きてきます。

人は誰でも輝く場所を持っています。

その場所にたどり着き、輝くようになっています。

複雑な迷路を迷うことなく行ける人など一人もいません。むしろ迷うからこそ、私たちはゴールに一歩一歩近づいていけます。

人生にムダなことなど、ひとつもないのです。

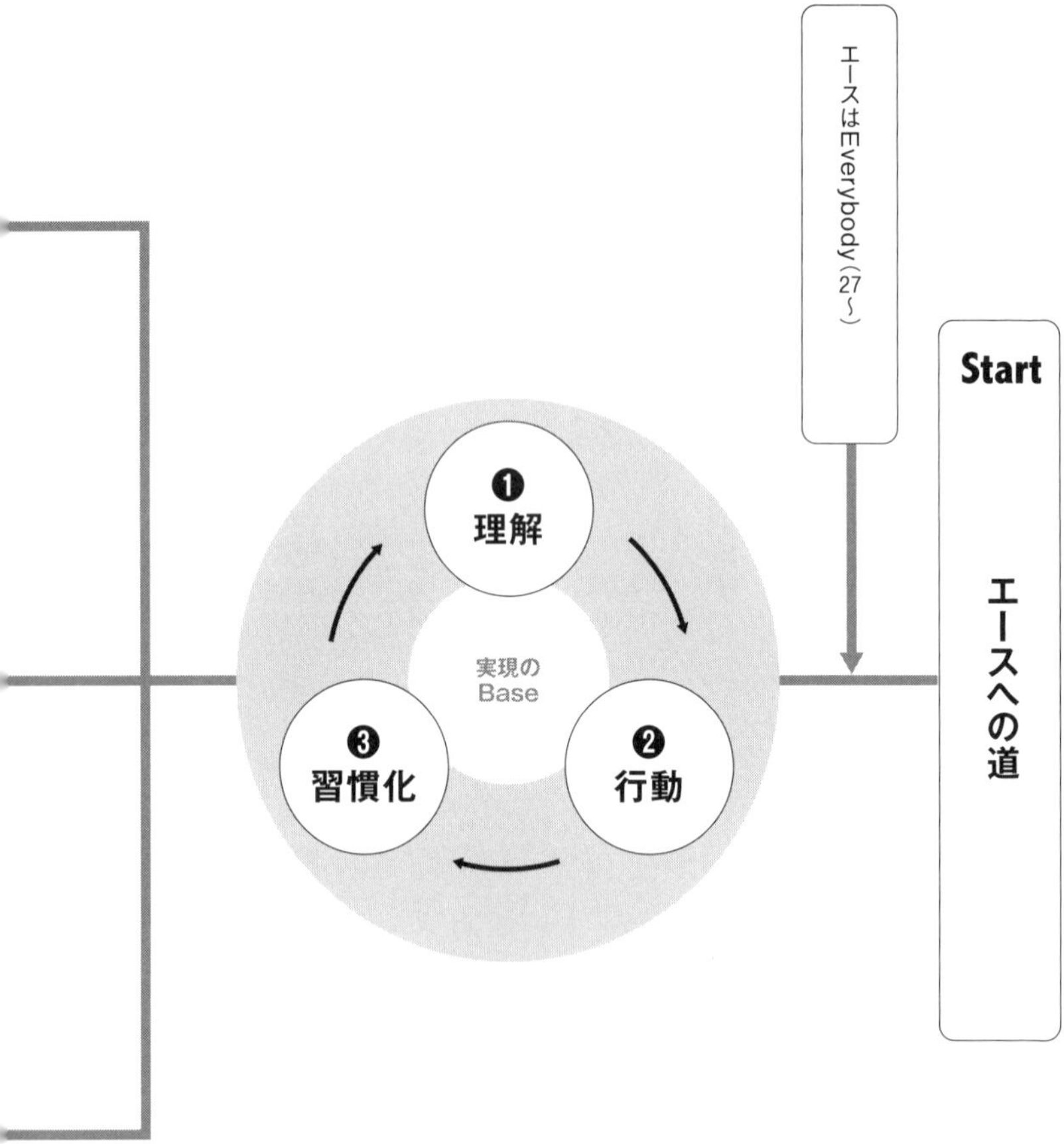

Start
エースへの道
エースはEverybody（27～）
❶
理解
❷
行動
❸
習慣化
実現の
Base

Goal

あなたがエースとして輝くとき

1 自己確立

- 夢の階段を描こう（34～）
- 他人の評価を気にしない（39～）
- もっと個人になろう（64～）
- 仲間の目を気にしない（67～）
- ひとり時間をつくろう（69～）
- 協調性より目的共有（72～）
- 弱きにやさしく強きにライバル心（78～）
- 周囲の意見に耳を傾ける（80～）
- ゼロになろう（82～）
- whyの視点を持とう（87～）
- 悪いプライドを捨てる（90～）
- よいプライドを持とう（96～）
- 好きをめざす（99～）
- 意志の強さが結果を生む（103～）
- 選ばれている自覚を持つ（104～）
- 叱ってくれる人を大切に（109～）
- 叱られる自分を受け入れる（111～）

2 自信創出

- 強みをひとつ持つ（41～）
- 好きなもの10個列挙try（44～）
- 底力くんに会いに行こう（120～）
- 努力をアピールしない（126～）
- 夢、目標を口にしてみる（130～）
- 使い分けよう有言不言（133～）
- 自分を知ろう（135～）
- 短所と向き合う（135～）
- スキルで内面も磨かれる（138～）
- 短所を出し入れする（140～）
- すべての原因は自分（143～）
- なにくそ精神を持つ（143～）
- 苦しみを過去にする（147～）
- 苦しみもプラスとなる（147～）
- また成長しなきゃ（149～）
- 危機は意識せよ（152～）
- 努力の先に「運」（154～）

3 前進気質

- 恥かくことを恐れない（46～）
- 自分なりの大切な言葉を持つ（59～）
- 前向きな選択をクセづける（158～）
- 時間をコントロールする（160～）
- 人の振り見てわが振り学べ（163～）
- 自分を見じる（165～）
- 謙虚になり遠慮はしない（166～）
- 気を遣うより遣わせるな（167～）
- 言葉には心をこめて（168～）
- 本心を行動に移す（171～）
- すべてが成長のチャンス（174～）
- 過程を大事に（177～）
- 挨拶は1対1（180～）
- 愚痴や恨み、不幸を配らない（182～）
- ネガ発言は自分をも不幸にする（185～）
- 辛苦をもたらす人は成長の恩人（187～）
- 失敗の原因を自分に戻そう（191～）

＊数字はページ数を示しています。

おわりに

「ダンスをもっと身近なものにしたい！」

そんな想いから、ダンサーとして、振付師として、指導者として、人生の大半をダンスにささげてきた私にとって、昨今のダンスブームはこのうえない喜びです。趣味でダンスを楽しむ人が増えただけでなく、中学校でダンスの授業が必修になるということは、三〇年前には想像もつかなかったことです。

その影響でしょうか、最近ではダンスの技量を競い合うテレビ番組も増えていて、私もいくつかの番組で審査員を務めています。

そうすると、以前の私をご存じの方は「夏まゆみってこんな人だっけ!?」と戸惑われるようです。コンテストの出場者をやさしく励ましたりしたかと思えば、別の番組では芸能人の方々に容赦なくダメ出しを連発し、踊り手をこきおろしたりもする。

「夏ってどんな人間なのよ⁉」

そんなふうにますますの混乱をまねきます。

やさしい夏と、厳しい夏――。

どちらの顔で視聴者の前に登場するかは、番組の編集方針にも左右されるのですが、最大のポイントは「出場者がプロ志望かどうか」です。プロには厳しくし、素人には甘くします。

出場者がふつうの高校生で、ダンスが大好きだから仲間とユニットを組みました、コンクリートの上でたくさんアザをつくりながら猛練習しました――というのなら、私はその子たちを大いにほめたいと思います。

すばらしい、よく頑張った、これからもその気持ちを忘れないで生きていこうねと、心からそう励まします。

でも、もし同じことをプロ志望の若者が言ったとしても、合格点はあげられません。技術的なアラや表現力不足を遠慮なく指摘するし、練習も努力もまだまだ足りないよ、そんなことじゃプロにはなれないよと厳しいメッセージを贈ります。

それは脅しではなく本当のことで、誰もが努力するこの世界では、自分はまだまだ努力が足りないという危機意識を持っていなければ、プロになることはできません。だからこそ私は愛情をもって厳しい言葉と評価を贈るのです。

では本書ではどうかというと、素人を指導するときの〝やさしい夏〟ではなく、プロを育てる「厳しい夏」のモードで書きました。

どんな分野でどんなエースになるかは十人十色。しかし、その分野は「あなたがエースになれる分野」ですから、決して努力なしに、適当な気持ちで到達できるものではありません。

だからこそ、私が普段人に教えていることを曲げずにお伝えしてきました。なかには難しいと感じるような部分もあったかもしれません。でも、本書で紹介したノウハウや考え方を実践していけば必ず力がつくし、あなたもいつかエースとして輝く自分を発見できるはずです。

指導者を長くやっていると、教え子の成長がなによりの喜びになります。

二年ほど前のＮＨＫ紅白歌合戦で、ＡＫＢ48の大島優子、横山由依、島崎遥香、柏木由紀の四人が伍代夏子さんのバックで踊ることになり、久しぶりに彼女らに振りをつけたことがありました。そのときは一時間ほどで振りを仕上げなければいけないというギチギチのスケジュールで、しかも和装で女の情念を表現するという難しいテーマだったにもかかわらず、四人ともレッスン中にみるみる表情がよくなっていき、本番でも即席とは思えないダンスを披露してくれました。

それだけでも私は大満足だったのですが、後日、大島が「夏先生は振りをつけるんじゃなく、振りの心を入れる」とブログに書いてくれました。ダンス表現については未熟だった大島も、地道な努力の積み重ねを経て、これほどダンスの本質を理解し、成長してくれたのかと思わず胸がいっぱいになりました。

本書にも、彼女たちを育てたときと同じような厳しさと愛情を注いでいます。

願わくば、みなさんもまっさらな気持ちで本書と向き合い、吸収し、実践してほしいと思います。そうして一人でも多くの方が成長し、エースとして輝いてくれたなら、これほどうれしいことはありません。

あなたというエースが誕生する日が来ることを、私は心から楽しみにしています。

二〇一四年三月

夏　まゆみ

夏まゆみ　略歴

1962年	3月23日 神奈川県生まれ。
1980年～	イギリス留学の際、導かれるようにダンスの魅力にとりつかれ、その後NewYork・東京でクラシックバレエ、モダンバレエ、ジャズダンスを学ぶ。
1985年～	23歳、よみうり文化センターにてダンスインストラクターとして最初のクラスを開講。
1986年～	24歳、劇場での振り付けを始める。
1988年～	ダンスグループ「FUN-KEY HEARTS」を結成。ミュージカル、テレビ番組やショーなどの振り付け・出演を重ねる。
1990年	国際花と緑の博覧会、イベントの振り付けを担当。
1991年～	ナインティナインや雨上がり決死隊が所属する「吉本印天然素材」の振り付けを８年間専任。 同年以降、南米はブラジル、アルゼンチンをはじめ北米、欧州、アジア、ミクロネシア諸国を訪れ、各国の民族舞踊、ダンスに触れ、学ぶ旅を習慣化。
1993年	NewYork、Apollo Theaterにソロダンサーとして出演、絶賛を浴びる。
1994年～	光GENJI、KinKi Kids、ジャニーズJr.の振り付けを２年間担当。
1995年	プロデュース公演「DUNK! DO DANCE!!」を新宿シアターアプルにて上演。
1997年～	NHK紅白歌合戦のステージング担当。現在もなお継続中。
1998年	冬季長野オリンピック閉会式にて公式曲の振り付けを考案、指揮。 同年、「モーニング娘。」（つんく♂氏プロデュース）を立ち上げ大ブレイク。 以降、振付師としての地位を不動のものにする。
2002年	みずからプロデュース、出演した「夏まゆみDANCE SERiES '02『海月《くらげ》』」において、コンテンポラリーダンスを通して新たな一面を見せる。
2003年	著書『変身革命～ You can do it!』〈ワニブックス〉を出版。
2004年	子供達を対象にDVD『夏まゆみのファンキーダンシング・キッズ』〈TDKコア〉を制作。 同年、映画『female』〈セガ・アミューズ〉において映画監督デビュー。
2005年	ヒューマノイドロボット「nuvo」開発Teamモーションデザイン担当。 プロデュース公演「DUNK! DO DANCE!!」VOL.2を青山円形劇場にて上演。 同年、「AKB48」（秋元康氏プロデュース）を一般公募から立ち上げ、劇場創設に力を注ぎ、プロフェッショナル育成・演出・振り付けまで専任。
2006年	世界バレー公式テーマソングを振り付け。
2008年	マッスルミュージカル冬公演「～ザ・ベスト～」スーパーバイザー就任。
2009年	「FUN-KEY DANCING®」創設。
2010年	文部科学省「子どものための優れた舞台芸術体験事業」に参加。
2011年	DVD『夏まゆみのファンキーダンシング・キッズ』が日本コロムビアよりリニューアル発売。
2013年	著書『ダンスのための準備運動』〈角川グループパブリッシング〉、『Fun-Key Dancing® Diet』〈KKベストセラーズ〉を出版。
2014年	著書『ダンスの力』〈学研パブリッシング〉を出版。

【著者】

夏まゆみ（なつ・まゆみ）

ダンスプロデューサー／指導者。
1962年神奈川県生まれ。1980年渡英以降、南米、北米、欧州、アジア、ミクロネシア諸国を訪れオールジャンルのダンスを学ぶ。1993年には日本人で初めてソロダンサーとしてニューヨークのアポロ・シアターに出演し、絶賛を浴びる。1998年、冬季長野オリンピック閉会式で老若男女数万人が一度に踊るための振り付けを考案・指揮する。NHK紅白歌合戦では17年以上ステージングを継続。吉本印天然素材、ジャニーズ、モーニング娘。、宝塚歌劇団、AKB48、マッスルミュージカル等、団体から個人にいたるまで、手がけたアーティストは300組におよぶコリオグラフィの第一人者。独自の教育法による人材育成、ならびに飛躍に導くその手腕から、近年、「ヒトが本来持つ道徳観に基づいた人間力向上」の指導者としても注目を集めている。

エースと呼ばれる人は何をしているのか

2014年6月10日　初版発行
2023年9月5日　第14刷発行

著　　者　夏まゆみ
発 行 人　黒川精一
発 行 所　株式会社サンマーク出版
　　　　　東京都新宿区北新宿2-21-1
　　　　　電話　03-5348-7800（代表）
印　　刷　三松堂株式会社
製　　本　株式会社若林製本工場

定価はカバー、帯に表示してあります。落丁・乱丁本はお取り替えいたします。

ISBN978-4-7631-3362-5 C0030
ホームページ　http://www.sunmark.co.jp
携帯サイト　http://www.sunmark.jp